AF272045

Gestatten,
mein Name ist
Spaß-Poet !

Sie kennen mich nicht ?
Und warum haben Sie dann mein Buch in der Hand ?
Sie haben es noch nicht gelesen ?
Und warum sind Sie dann immer noch hier vorne ?

Weiterblättern....!!

INHALTSVERZEICHNIS:

Der unbekannte Spaß-Poet ???

??? Der unbekannte Spaß-Poet ???

Die Macht einer Feder,
so sagte man doch,
ist beinah´ allmächtig
und viel stärker noch
als die eines Schwertes,
das schneidet und sticht,
doch sowas Brutales
tun Federn ja nicht.
Seit einigen Jahren
nun zeig' ich Talent
als lustiger Dichter,
den bloß keiner kennt
und schreibe für Freunde,
so dann und auch wann,
ganz kleine Geschichtchen,
was ich leidlich kann.
Wie oft schon im Leben
wurd´ ich dann gefragt:
"*Wie geht das, erklär mal!*"
Ich hab´ nur gesagt:
Ich weiß es doch selbst nicht,
es liegt mir im Blut,
ein jeder hat Träume,
es fehlt meist der Mut.
Schreib´ einfach von Herzen,
auch wenn´s manches Mal
kein Hand und kein Fuß hat,
das ist doch egal !

???

Meine schönsten
ABC-Gedichte

ABC

01.   Meine schönsten ABC-Gedichte

ABC, in Bayern liegt ein See

Ach bayrischer Chiemsee, du edeler Fleck,
galant herrschaftsprächtiges Inselversteck.
Juwel König Ludwigs Modellbau-Natur,
oh plätschernde Quelle, Romantikers Spur,
traumhafte Umgebung, verzauberte Welt,
x Yachtenbesitzer zufriedengestellt.

ABC, im Harem tanzt `ne Fee

Arabischer Bauchspeck, charmant dekoriert,
erweckt faule Geister, - hormon-inspiriert -.
Jung-knackige Leiber mit Nabel-Opal,
prall quillende Reize, sündhaftiges Tal,
unglaublich verrenkbarer Wüstentanzstar,
x Yogaeinheiten, zusammenklappbar.

ABC, wenn ich den Täter seh´

Arzneimitteldiebstahl, Betrugsunterwelt,
Computer-Dateien, entwendet für Geld,
handfeste Indizien, Juwelen-Kartei,
leibhaftige Mörder, neurotisch, - ohwei -
Phantombilder-Quizshow, *"Ruf´ Sechs-Tausendzwei*
und Vorwahl Wiesbaden", XY-zei.

ABC, wenn ich nach Aldi geh´

Alltäglicher Boxkampf, chaotischer Drang,
entfesselte Fäuste, Gewalttaten-Hang,
im Jedermann-Kaufhaus liebt meine Nation
oft preisreduzierte Quarksahneportion,
Regalwände schwanken, total unerhört,
verwüstete Waren, x Yoghurts zerstört.

Advent, Advent, ein Hase rennt (Harms, Teil I)

02. Advent, Advent, ein Hase rennt
(Harms, Teil I)

In jedem Jahr zur gleichen Zeit
herrscht Eintracht und Gemütlichkeit.
Ein Sternlein blinkt, ein Kerzlein brennt,
der Schnee fällt leis´ , es ist Advent.
Es naht die Zeit der Heil´ gen Nacht
wo Frieden auf die Welt gebracht
und draußen in dem kalten Schnee
grüßt selbst der Wolf das zarte Reh.
Es herrscht die Freude, überall,
doch siehe da, in einem Stall
steht Bauer Harms, gemein und dumm,
mit einer scharfen Axt herum.
Er sucht g´rad das Kaninchen aus
das ihm heut´ dient als Festtagsschmaus,
ganz zart und jung, doch nicht zu klein,
so sollte heut´ der Braten sein.
Hinter dicken Holzverschlägen
zittern kleine Hasenmägen
und jedes Hasenherzchen fleht
zum Himmel schnell noch ein Gebet.
Für kurze Zeit herrscht Totenruh´ ,
dann plötzlich greift der Bauer zu.
Ein schneller Biss, der Bauer flucht,
indess der Has´ das Weite sucht,
der Bauer tobt und wettert roh
denn von der Hand tropft Blut ins Stroh.

2 - 1

"*Na warte, Biest, ich zeig es Dir,
der letzte Biss gehört heut´ mir.*"
Ein Sprung, ein Knall, den Riegel vor
steht Jäger Harms vorm Scheunentor
und sucht mit blutrünstigem Blick
als Ziel für´s Beil das Haseng´nick.
Ganz tief ins Stroh drückt Ohr und Sterz
in einer Eck Freund Hasenherz
und macht sich flach so gut es geht
und spricht das Hasenschutzgebet:
"*Oh, großer Hase, der du sitzt
im Himmel hoch, mach´ dass es blitzt
und ziel genau, schieß nicht vorbei,
und laß uns bitte alle frei.*"
So bat der Hase, doch statt Blitz,
fällt hoch im Dach durch einen Ritz
der Strahl von einem hellen Stern
als Zeichen von dem Hasenherrn.
Das Licht trifft uns´ren Hasenfuß
und alle Angst weicht bei dem Gruß
doch auch der Jäger sieht im Licht
die Beute und er zögert nicht.
Die Axt fliegt los als Lichterkreis
der Has´ ist Ziel und Tod der Preis.
Doch wo noch grad´ der Hase stand
ist nur noch Stroh und eine Wand
und statt des Hasen, - warm und weich -,
trifft Stahl auf Stein im Wandbereich.

Ein kurzer Blitz, ein Funke sprüht,
des Jägers Freude war verfrüht,
die Axt wird nun zum Bumerang
was Bauer Harms zum Bücken zwang.
Er läßt sich fallen, doch zu spät,
es streift ihn noch das Fluggerät
und auf dem Boden liegt das Haar
was eben noch am Kopfe war.
Voll Wut auf Hase und Tonsur
greift er nun nach der harten Tour,
mit Flinte voll von kleinem Schrot
will er jetzt nur des Hasen Tod.
"Von oben seh´ ich dich sofort
denn Jagen ist mein Lieblingssport.
Der Heuboden soll Hochsitz sein,"
denkt Bauer Harms und grinst gemein,
"dort kriegst du über Kimm´ und Korn
´ne Ladung Schrot, direkt von vorn."
Die Stiege rauf zum Bodenrand
stapft Bauer Harms, jetzt jagdentbrannt,
doch in des Stalles Schummerlicht
da sieht der wilde Bauer nicht
dass auf dem Boden, der sich biegt,
die Heugabel im Wege liegt.
Der Stiel trifft ihn mit Wucht von vorn,
grad so wie über Kimm´ und Korn,
als Blattschuß mitten ins Gesicht
bevor er durch den Boden bricht.

2 - 3

Das morsche Holz erliegt dem Fall
von Bauer Harms und mit 'nem Knall
schlägt er ein Stockwerk tiefer auf
grad rittlings auf dem Büchsenlauf.
Dabei kommt es, wie's kommen muß,
aus dem Gewehr löst sich ein Schuß
und fährt, wie soll es anders sein,
dem Bauern ins Gesäß hinein.
Gespickt mit Schrot im Hinterteil,
fast kahlrasiert von einem Beil,
mit Stielabdruck von Stirn bis Kinn
hat Bauer Harms nur eins im Sinn:
" Verdammter Has', bist schuld daran,
dass ich heut' nicht mehr sitzen kann,
doch wart', ich eß dich auch im Steh'n,
ich kriege dich, du wirst noch sehn."
Noch etwas krumm stemmt er sich auf
greift nach der Büchs`, erwischt den Lauf,
der ist noch heiß, er läßt sie fall'n
und wiedermal hört man es knall'n.
Der Schuß trifft, wie gezielt schon fast,
den Riegel von dem Hasen-Knast
und plötzlich springen überall
die freien Hasen durch den Stall.
Der Bauer Harms flucht bitterlich
dann greift er schnell die Büchse sich,
lädt nach und hat schon im Visier
das allererste Nagetier,

da trifft vom Boden, schicksalhaft
die Heugabel den Büchsenschaft.
Durchs Loch stieß unser Hasenfuß
die Heugabel als spitzen Gruß
und aus dem Lauf kracht´s gleich zweimal,
die Folgen davon sind fatal.
Die Lampe trifft´s beim ersten Knall,
sie explodiert zum Feuerball,
der zweite Schuß trifft nur die Wand
wobei ein Riesenloch entstand.
Durch dieses Loch flieht auch sodann
die Großfamilie Mümmelmann
und Bauer Harms sieht draußen nur
im Schnee noch eine Hasenspur.
"*So´n Mist*" denkt er und dreht sich um
da schaut er noch mal ziemlich dumm.
Ein Blaulicht blinkt, die Scheune brennt,
wer´s noch nicht weiß - es ist Advent.

Die wahre Geschichte vom Osterhasen
(Harms, Teil II)

03. Die wahre Geschichte vom Osterhasen
(Harms, Teil II)

In jedem Jahr zur gleichen Zeit
weicht Schnee und Eis dem Frühjahrskleid,
die Knospen treiben, zart und klein,
die Amsel singt bei Sonnenschein.
Von der Natur ganz sanft geweckt
erwacht Herr Dachs, der sich erst streckt,
dann sucht er sich 'nen Sonnenschutz
denn Mutter Dachs hält Frühlingsputz.
In jedem Bau und jedem Nest
weicht Winterschlaf dem Frühlingsfest,
.... doch halt, wenn ich mich nicht ganz täusch'
hör' ich hier noch ein Schnarchgeräusch.
In seinem Bau, schaut euch das an,
schläft tief und fest Klein Mümmelmann
und sägt dabei ganz ohne Hast
den halben Wald ab, Ast für Ast.
Ganz plötzlich wird es totenstumm,
er schmatzt nur kurz, dreht sich dann um,
und aus dem Bau im Hasenberg
klingt's weiter wie im Sägewerk.
"Das halte ich im Kopf nicht aus,
den weck ich jetzt" piepst Fips, die Maus.
Gesagt, getan, gräbt sie sich dann
ins Schlafzimmer von Mümmelmann.
Dort nimmt sie sich vom Hasenflaum
ein kleines Haar, man sieht es kaum

und "*Schwuppdiwupp*" saugt, wie gemein,
der Schnarchhase das Häärchen ein.
Der Mümmelmannsche Niesanfall
befördert Fips mit Überschall
wie ein Geschoß zum Bau hinaus
als Prototyp der Fledermaus.
Minuten nach dem Ausbruch dann
wird´s still im Hause Mümmelmann,
man hört noch einmal "*Keuch, Hust, Schnauf*"
dann geht ganz leis´ die Türe auf.
Im Souterrain nach Hasenart
erscheint am Eingang erst der Bart,
die Nase dann und schließlich auch
die Schlappohren, der Hängebauch.
Der kleine Mümmel, völlig down,
versucht erst mal ins Licht zu schaun,
dann streckt er sich und läßt dabei
´nen Hasenpups vom Feinsten frei.
"*Tsch.. tschuldigung*" sagt er verstört,
doch keiner ist mehr da, der´s hört,
und so steht Mümmel, arm und klein
in seinem Duft rum, ganz allein.
Verlassen und mit Hängeohr
kommt er sich ziemlich einsam vor,
und flüstert dann mit leiser Stimm´
"*Kommt doch zurück, is´ nich´ mehr schlimm*".
Doch nichts rührt sich im dunklen Wald,
das Näschen läuft und ihm ist kalt,

"Ich seh´ euch doch, ihr macht nur Spaß",
ein Tränchen kullert sanft ins Gras.
Plötzlich da ...., ein Zweig der kracht,
Klein-Mümmel spitzt die Ohr´n und macht
´nen Luftsprung erst, versteckt sich dann,
und ruft zum Wald hin "Ihr seid dran."
Doch grad, wie er in Deckung war
sträubt Mümmel sich das Nackenhaar
denn aus dem Wald bricht mit Radau
der Bauer Harms mit Axt und Frau.
Er schnauft vor Wut und sieht sich um,
und mit ´nem Blick, gemein und dumm,
hat er entdeckt, wonach er sucht
und Mümmel hört, wie er jetzt flucht.
"Mensch Weib, das ist das letzte Mal
dass ich für so ´ne Eierschal´
auf so ´nen blöden Baum rauf muß."
Sie schnauzt zurück: "Red´ nicht so´n Stuß
und mach dich ran, ich will das Nest
denn morgen ist das Osterfest.
Zuhaus´ bläst du die Eier aus
und ich mach´ dann den Schmuck daraus
und dann gibt´s Rührei mit viel Speck
und alles and´re schmeißt du weg."
Dann stellt die fiese Bäuerin
ein Körbchen ab und krächzt: "Sieh´ hin.
Ich hab von allen Vögeln schon
ein buntes Ei in jedem Ton,

3 - 3

nur eines ist noch nicht dabei,
drum hol mir jetzt ein Amselei."
Indes schlägt Mümmels Hasenherz
zum Halse hoch, denn, ohne Scherz,
der Eierkorb steht, ach wie dumm,
auf Mümmels rechtem Ohr herum.
Ins Gras gepreßt schaut nur das Ohr
ein Stück unter dem Busch hervor
und grad darauf stellt sie ihn ab
und Mümmel denkt sich: *"Das war knapp.*
Wenn ich jetzt schnell nachhause lauf
fällt das vielleicht ja gar nicht auf."
Doch im Moment, als er dies denkt,
fällt wie von einer Hand gelenkt
ein Sonnenstrahl auf sein Versteck
und Mümmels Angst ist plötzlich weg.
"Das darf nicht sein" denkt Mümmel nun
"ich muß dagegen doch was tun.
Ich mag die Vögel, sie sind lieb
und jetzt klaut sie der Eierdieb."
Ganz vorsichtig und Stück für Stück
zieht Mümmel sich ins Gras zurück,
indess brüllt Bauer Harms voll Wut,
denn von dem Daumen tropft sein Blut.
"Nun komm schon Weib, steh nicht so dumm
bei diesen blöden Eiern 'rum.
Ich reiß mir hier die Flossen auf,
jetzt hock dich hin und hilf mir rauf."

Laut fluchend trabt die Bäuerin
zum Fuß des Baums und kniet sich hin.
Der Bauer steigt mit Mist am Schuh
auf ihre Schultern und schreit: "*Nu,*
jetzt streng dich an und schieb mich hoch
sonst steh´n wir hier wohl morgen noch."
Mit Wut im Bauch und Mist im Haar
stemmt sie ihn hoch, doch leider war,
der Bauer Harms nicht drauf gefaßt
und trifft mit Schwung auf einen Ast.
Aprupt schwillt ihm der Scheitel an,
der Bauer flucht und sucht sodann
´nen festen Halt zum nächsten Tritt
doch spielt auch dieser Ast nicht mit.
Just im Moment als sein Gewicht
zur Hälfte auf der Frau Gesicht
zur andren Hälft´ am Aste hängt
hört er es knirschen und er denkt
"*Oh Schei..*", doch weiter kommt er nicht
denn gut 2 Zentner Harms-Gewicht
zieh´n ihn zu Mutter Erde hin,
gebremst nur von der Bäuerin.
Vereint im Sturz schlagen sie auf,
die Bäu´rin erst, der Bauer drauf,
der Bauer flucht, spuckt Gras und Dreck
und merkt dabei - ein Zahn ist weg.
Die Bäu´rin schnappt nach Luft und spuckt
denn sie hat Bauers Zahn verschluckt,

dazu ziert jetzt die Bauersfrau
ein zartes Veilchen, ganz in Blau.
Grad holen beid´ zum Fluchen Luft
als sie ein wirklich strenger Duft
mit einem Schlag verstummen läßt
denn unterm Baum stinkt´s wie die Pest.
Ganz vorwurfsvoll schaut jeder dann
mit Kloß im Hals den ander´n an,
die Bäu´rin greift den Korb und flieht
der Bauer folgt und keiner sieht
wie hinterm Baum ein Hasen-Held
sich seinen Bauch vor Lachen hält.
"*Stinkt richtig doll*" sagt Mümmel stolz
und ruft dann laut ins Unterholz:
"*Sind nich´ mehr da, sind abgehau´n*"
und siehe da, ganz plötzlich schau´n
ganz viele Augen aus dem Wald,
zuerst kommt Vater Dachs und bald
folgt Amsel, Reh und Fips, die Maus
und alle seh´n ganz traurig aus.
"*Was habt ihr denn, is´ alles gut,*
is´ keiner mehr der euch was tut."
Da schluchzt die Amsel: "*Mümmel, schau,*
den Korb, den hat die böse Frau."
Da spricht der Mümmel: "*Is´ egal,*
dann stinkt´s bei denen halt nochmal."
Er lacht und hüpft zum Rosenstrauch,
kriecht d´runter und ruft: "*Hab´ doch auch*

die Eier aus dem Korb geklaut
und sie versteckt, kommt her und schaut."
Und siehe da, unter dem Strauch
hält Mümmelmann vor seinem Bauch
mit kleinen Pfoten, doch ganz fest,
ein bunt getupftes Osternest.
"Is´ keines ´putt" versichert er,
"sind auch schön warm, nur ganz doll schwer,
im Korb, den die nachhause bringt,
ist Hasenmist, der richtig stinkt."
Da ruft der Dachs: "Das ist famos"
und alles freut sich, jubelt los,
nur mittendrin, noch ganz entsetzt,
fragt leis´ ein Häschen: "Spiel´n wir jetzt ?"

Ein jedes Tier von nah und fern
hat seit dem Tag die Hasen gern´
und jeder Hase auf der Welt
kennt Mümmelmann, den Hasenheld.
So ist´s gescheh´n, vor langer Zeit
und sieht man jetzt zur Osterzeit
ein Häschen mit ´nem Eiernest
dann ist´s wohl wieder Frühlingsfest.

Summ-summ-summ, die Mück´ geht um (Harms, Teil III)

04. Summ-summ-summ, die Mück´ geht um
(Harms, Teil III)

In jedem Jahr, zur Sommerzeit,
macht sie sich in den Stuben breit,
sie sucht nach Blut, von dir und mir,
die Rede ist vom Mückentier.
Wen hat sie nicht, in schwüler Nacht,
schon um den süßen Schlaf gebracht,
sie sirrt und summt, sie saugt und sticht,
und schließlich dann erträgt man´s nicht,
man springt durchs Bett, fängt an zu schrei´n,
und schlägt mit Schuh´n auf Wände ein.
Am liebsten weilt solch Mückenschwarm
an Orten, wo es richtig warm
und durch Bestand von Dung und Mist,
auch ländlich aromatisch ist.
In Mückenkreisen gut bekannt
gibt´s einen Hof, auf plattem Land,
dort trifft man sich und feiert dann
bei Bauer Harms - am Ballermann.
Grad heut´ ist wieder, wie man´s mag,
ein brüllendheißer Sommertag,
auch Bauer Harms weiß dies und sitzt,
mit seinen Kumpels, gut verschwitzt,
am Eck-Stammtisch im "*Rosa Schwein*"
und läßt die Ernte Ernte sein.
Statt Korn vom Feld, gibt´s Bier vom Faß,
man grölt herum und spritzt sich nass,

4 - 1

das Vieh hat Durst, das Feld verdorrt,
und Bauer Harms treibt Männer-Sport.
Doch auch zuhaus´ der Bäuerin
kommt´s nicht entfernt mal in den Sinn,
dass sie dem Vieh, dass durstig brüllt,
die längst schon leere Tränke füllt.
Sie liegt mit Strümpfen und Korsett
im bäuerlichen Ehebett
und hat enorme Ähnlichkeit
mit einem Wal zur Paarungszeit.
Auf dem Gesicht, von Stirn bis Kinn,
läuft ein Pfund Quark still vor sich hin,
mit Gurkenscheiben reich belegt,
hofft sie, dass sich die Jugend regt.
Durchs Fenster strömt ein herber Duft
und sorgt im Raum für dicke Luft,
die Bäu´rin stört´s nicht, denn sie träumt
vom Meer das in der Brandung schäumt.
Im Traume liegt sie, schlank und bloß,
am Strand, - umringt von Gigolos -,
ein jeder scheint von ihr betört,
als sie von fern dies Summen hört.
"*Ein Motorboot*", erträumt sie sich,
"*mit einem Prinzen, nur für mich;*
ein echter Scheich, der um mich wirbt",
- als ihr Freund Mück´ den Traum verdirbt.
Gelockt von Quark und Gurkensaft
hat er mit voller Flügelkraft

die Nasenspitze, reich verziert,
zum schnellen Einstich anvisiert.
Im freien Fall aufs Ziel hinab,
bremst nur der Quark den Aufprall ab,
ein kurzer Stich, schnell vollgetankt,
dann heißt es schnellstens abgedankt,
denn aus der Ferne nähert sich
die flache Hand dem Essenstisch.
So schnell es hier der Quark erlaubt
hat Mück´ sich in die Luft geschraubt,
die Hand, mit Schwung und viel Gewicht,
verfehlt Freund Mück´, die Nase nicht.
Es ist zu spät, der Schwung zu stark,
durch´s Schlafgemach spritzt Magerquark,
die Bäu´rin tobt und flucht wie wild
weil ihr ein rotes Nashorn schwillt.
Vom Lärm, den seine Herrin macht,
ist selbst Hund "*Hasso*" aufgewacht,
das treue Tier, es jagt zum Haus,
rast kläffend rein, - kommt winselnd raus;
im "*Mieder-Look*", von Quark bedeckt,
hat sie sogar den Hund erschreckt.
Kein Meer, kein Strand, der Traumprinz fort,
die Bäu´rin sinnt auf Mücken-Mord.
"*Den Tropfen Blut, den zahlst du mir*",
schwört sie dem kleinen Mücketier,
"*komm raus und stell dich wie ein Mann*
damit ich mich bedanken kann."

Als "*Rächerin*" im Kampfkorsett
umkreist sie jetzt das Ehebett,
mit Plüschpantoffeln in der Hand
sucht sie den Feind auf weißer Wand.
Ganz oben in der letzten Eck´,
ein Stückchen rechts vom Wasserfleck,
sitzt Mückemann, vom Mahl entspannt,
als ihn der Blick der Bäu´rin fand.
Trotz 100 Pfund zuviel Gewicht
springt sie auf´s Bett, doch dieses bricht,
das Plumot bremst den freien Fall,
doch platzt die Naht mit lautem Knall;
Frau Holle grüßt, im Zimmer schneit´s,
die Bäu´rin tobt, man kennt´s bereits.
Die Winterlandschaft scheint perfekt,
das Zimmer ist mit Schnee bedeckt
und mittendrin, - oh, seht doch nur -,
steht eine echte Schneeskulptur;
ein dicker Buddha, - ohne Spaß -,
mit einer roten Rübennas´.
Doch plötzlich da, - die Stube bebt -,
ein Nieser schallt, die Bäu´rin lebt,
aus zartem Weiß steigt sie empor,
- mit Federbart von Ohr zu Ohr !
Der Quark sorgt für perfekten Halt,
doch all dies läßt die Bäu´rin kalt,
auch wenn das Haus zusammenbricht
will sie der Mück´ ans Lebenslicht.

Ihr wilder Blick sucht stumm die Eck,
der Fleck ist da, - die Mücke weg.
Doch da, - es summt -, die Bäu´rin lacht,
sie hat den Flüchtling ausgemacht,
vom Daunen-Sturm ganz blass und krank
hängt Mückemann am Spiegelschrank.
Noch ganz verwirrt vom Auf und Ab
entging er g´rade äußerst knapp
durch Rückwärtsflug und Zwischengas
´ner Wasserung im Goldfischglas.
Indess´ denkt uns´re Bäuerin:
"Was glaubt das Vieh, wie blöd ich bin ?
Werf´ ich den Schuh, dann fliegt es wech -
der Spiegel bricht und das heißt Pech.
Der Besen ist, so denk ich mir,
grad´ richtig für dies Mückentier."
Als Hex´ mit Besen schleicht sie dann
zum Landeplatz von Mückemann,
der richtet grad´, - nach hinten blind -,
2 Beine, die verknotet sind.
Die Bäu´rin naht und grinst gemein,
oh Mück´, das wird dein Ende sein !
Die Hexe grinst von Ohr zu Ohr,
- schon schwingt der Besen sich empor -,
"Gleich bist du platt", die Bäu´rin freut´s,
- da fliegt ihr eine Tür ins Kreuz.
Der Bauer kommt vom Suff zurück
und tritt mit Schwung, - zu Mückes Glück -,

die Stubentür, mit breitem Fuß,
ins Zimmer rein - der Frau zum Gruß.
Die Hexe schwankt, der Besen fliegt,
die Hexe fällt, die Schwerkraft siegt;
der Bauer denkt: "*Mann, bin ich blau*!"
denn er erblickt die Bauersfrau.
Vom Schwung getrieben, als sie fiel,
steckt jetzt im Schrank der Besenstiel,
der Spiegel klirrt, - wie schön das klingt -,
was 7 Jahre Unglück bringt !
Die Bäu´rin schluchzt: "*Das ist gemein*",
der Bauer läßt ein Bäuerlein,
doch im Moment, als er dies tut,
schreit seine Frau, voll Haß und Wut:
"*Das war zuviel, jetzt bist du dran*,"
doch meint sie nicht den Ehemann;
auf Bauers Stirn sitzt, - winzigklein -,
das vielgehaßte Mückebein.
Bevor der Bauer noch versteht,
was hier denn wirklich vor sich geht,
sieht er auch schon, doch viel zu spät,
das plüschbewehrte Schlaggerät.
Der Schlag, der hier der Mücke gilt,
trifft Bauers Nas´, die tropft und schwillt,
von seiner Stirn, bis über´s Kinn,
zieht sich ein roter Abdruck hin.
Der Bauer steht, erstarrt und stumm,
im Trümmerfeld des Schlafraums rum,

die Bäu´rin johlt, sie tanzt und springt,
wobei sie den Pantoffel schwingt.
Durchs Fenster dringt das Abendrot,
die Jagd ist um, - die Mücke tot.

Normalerweis´ wär dies das End´
wenn sich nicht noch ein Bess´res fänd´,
denn schließlich ist mir nicht bekannt
dass man der Mücke Leiche fand.
Drum blenden wir noch mal zurück
ins bäuerliche Eheglück.

Der Hof liegt still, der Vollmond strahlt,
die Szenerie scheint wie gemalt.
Ein letztes Licht im Schlafgemach
verlischt ganz sanft und kurz danach
hört man vom Harms´chen Ehebett
das bäuerliche Schnarchduett.
Doch plötzlich da, ein leiser Ton,
es sirrt und summt, man kennt es schon,
ein schneller Stich, ein lauter Schrei,
- die Mücke lebt, ..
                    ... Geschicht´ vorbei !!

4 - 7

Die wirklich wahre
Geschichte vom 1. April

05. Die wirklich wahre Geschichte vom 1. April

Zur Frühjahrszeit gibt´s einen Tag
den jeder Schelm besonders mag,
denn heut´ am Ersten schickt man still
und straflos sich in den April.
Das ist so lang schon guter Brauch
dass kaum noch einer, Du doch auch,
noch weiß wie einst in Anderland
der allererste Scherz entstand.
Wer jetzt sofort zum Atlas rennt
weil er das Anderland nicht kennt
sei gleich belehrt, man findet´s nicht,
drum wart´ halt ab, hör die Geschicht´.

Historisch ist es nicht ganz klar
wo ganz genau, in welchem Jahr,
ein junger Mann, der Ander hieß,
auf ein vergess´nes Bergdorf stieß.
Die Straßen schmutzig, trist und grau,
die Leut´ bescheiden, nicht sehr schlau,
die Kinder hungrig und zu klein,
schien alles furchtbar arm zu sein.
Dies wäre nicht Erwähnung wert
wär da nicht etwas grundverkehrt,
denn auf den Feldern, wo man schaut,
war gold´ner Weizen angebaut

und an dem Hang, voll Saft und schwer,
hing dichtgedrängt ein Traubenmeer.
Ein Mütterchen, mit Stock und Tuch
fragt Ander sanft: "*Sag, welcher Fluch
traf dieses Dorf, dass jedes Kind
und alle Leut´ am Hungern sind?*"

Die alte Frau sprach: "*Du bist fremd,
trägst feste Schuh, ein saub´res Hemd,
zieh weiter und schau nie zurück,
dann bleibt es so, halt fest am Glück.*"

"*So geht das nicht!*" sprach Ander fest.
"*Es sieht hier aus wie nach der Pest
und dabei steht hier dicht an dicht
der Reichtum und ihr seht ihn nicht.*"

"*Oh junger Freund, dies alles hier
gehört nicht uns und auch nicht dir,
selbst dieses Land mit jedem Strauch
ist Kronbesitz, und wir sind´s auch.*"

"*Ein Mensch gehört nur sich allein
und kann auch nie Besitztum sein.
Wer euch so zwingt und darben läßt
ist wohl der Satan und die Pest
wär für ihn schon als Lohn zuviel
für dieses wahre Teufelsspiel.*"

"*Sei achtsam, Freund, so mancher schon*"
warnt da ein Mann in leisem Ton,
"*sprach vor dir schon solch böses Wort*
und tags darauf bracht´ man ihn fort."

Beim Klang der Stimme ward sogleich
das Mütterchen erst starr, dann bleich,
griff Stock und Tuch, verschwand dann stumm
und fragend dreht sich Ander um:
"*Wer bracht´ ihn fort und sag, wohin?*
Das Alles hier ist ohne Sinn.
Die Leute sind wie Puppen nur,
die tanzen, nach des Spielers Schnur."

"*Mein junger Freund, dies scheint nur so.*
Die Leute hier sind arm, doch froh,
denn jeder ist, von Wiege an,
dem König treuer Untertan."

"*Ein solcher König,*" Ander lacht,
"*der sich aus seinem Volk nichts macht*
und den man nur aus Angst verehrt,
ein solcher König ist nichts wert."
Dann plötzlich schaut er rundherum
sich nach verborg´nen Lauschern um,
winkt dann vertraut und denkt bei sich:
` *Na warte Schuft, dich narre ich.*´
Der schlecht getarnte Hofspion,
trug unter Lumpen, Ton in Ton,

5 - 3

ein gold'nes Hemd, doch er vergaß
dabei den edlen Mottenfraß.
So kam's, dass er aus jedem Loch
nach Seife, nicht nach Bettler roch
und in der Sonne fing er dann
zu Anders Freud' zu blinken an.
"*Und außerdem*" sprach Ander leis,
"*gibt's etwas, was der Schuft nicht weiß,
denn bald schon, Freund, ist's eins, zwei, drei,
mit seiner Herrschaft ganz vorbei.*"

"*Was gibt es wohl*" sprach da der Mann,
"*das so ein Bursche wissen kann,
was selbst der König hier nicht weiß
und sag', mein Freund, wie ist dein Preis?*"

"*Das bißchen was du hast, behalt,*"
spricht Ander leis', "*denn schon sehr bald
trifft hier ein Heer von Räubern ein
und dann ist's besser, arm zu sein.
Erst vor 2 Wochen, oder 3,
kam ich an einer Burg vorbei
und bat dort einen reichen Herrn
um Bett und Brot und der sprach: `Gern!
Der Schweinestall ist voll von Stroh
und auch die Schweine sind wohl froh
wenn du am Trog mit ihnen frißt
und unter Deinesgleichen bist.'*

Der gute Mann, sein großes Herz
hat mich bewahrt vor Leid und Schmerz,
denn Räuber haben in der Nacht
die ganzen Reichen umgebracht.
Nur die, wo sich die Müh´ nicht lohnt,
hat man, wie mich, vom Tod verschont.
Den reichen Herrn sah ich bei Tag
wie er bei seinen Schweinen lag.
Von Mist bedeckt und altem Brot
war er, so schien es, ziemlich tot.
Die Räuber war´n gut hundert Mann
von denen jeder kämpfen kann
wie zehn von uns, vielleicht auch mehr,
es gab nur wenig Gegenwehr.
Ich hörte wie ihr Hauptmann sprach:
'Macht alles nieder und danach
zieh´n wir nach Norden in ein Tal,
dort wächst noch Gold, verdammt nochmal,
und aus den Hängen fließt der Wein
und alles dies wird bald schon M e i n.
Der König dort tritt bald zurück,
vermutlich nicht in einem Stück,
doch vorher soll das reiche Schwein
für uns noch Knecht und Hofnarr sein.' "
Obwohl er kaum noch ernst sein kann,
mit rotem Kopf, spricht Ander dann:
"So war es, Herr, und glaubet mir,
vielleicht ein Tag, dann sind sie hier.

Ich rannte gleich, wie er beschrieb,
in Richtung Norden und ich blieb
erst steh´n als ich vor Schwäche fiel,
doch hier, scheint´s mir, bin ich am Ziel."

Mit einem Plumps saß Tiefparterr´
der scheinbelumpte Edelherr,
dem blieb auch gleich die Spucke weg
denn links und rechts stob Straßendreck.
Von Anders Märchen-Räuberwelt
zutiefst entsetzt rief er: "Mein Geld!
Oh weh, es muß in Sicherheit,
ich fliehe gleich, noch ist es Zeit."
In einer Wolke voller Staub
floh er ganz kopflos und ich glaub´
der Arme war grad´ um die Eck´
als Ander sich im Straßendreck
vor Lachen krümmte, hatt´ er doch
das Bild vor Augen, immer noch,
wie ein verstaubter Schein-Agent,
sich überschlagend, heimwärts rennt.

Noch in der Nacht verschwand sodann
der König und ein jedermann
von denen die das Volk gepreßt.
Wie schön, wenn man sich narren läßt!

Das Volk war glücklich und man fand,
ab heute darf im `Anderland´,

am jeweils Ersten im April,
ein jeder lügen, wie er will.

Seit diesem Tag schickt man sich dort
` *in den April* und mit dem Wort:
"*April, April*", erinnert man
an ernste Zeiten, als ein Mann
der Ander hieß mit Mut und Herz
das Land befreite - ohne Scherz !!

Das Liedchen vom Balzen

06.   Das Liedchen vom Balzen

Einst war ich ein Jüngling, von Bindungen frei
und immer auf Brautschau, auf Pirsch - *dideldei.*
Ich zog durch die Gegend und machte dabei
`nen höchst `coolen` Eindruck, zum Schein - *dideldei.*

Als Raubfisch der Straße, mehr Karpfen als Hai,
ging ich auch ins Schwimmbad, zur Jagd - *dideldei.*
Ich weiß noch wie heute, es war g´rade Mai,
die Röcke war´n kürzer, oh Mann, - *dideldei.*

Allein dieser Anblick, der machte uns `high`,
die Platzhirsche riefen zur Balz - *dideldei.*
Die Kerle flanierten mit stolzem Geweih
zur Freude der Mädels durchs Bad - *dideldei.*

Man hörte Gekicher und manchmal Geschrei
beim Nahkampf im Wasser, plitsch-platsch - *dideldei.*
Auch ich war erfolgreich, - 2 Küken, ein Ei -,
die Zwillinge Müller war´n heiß - *dideldei.*

Als Haupt-Casanova und Star-Papagei
zog ich mit den beiden zum Pool - *dideldei.*
Wir planschten und tobten, dann war es vorbei,
noch heut´ denk´ ich daran mit Grau´n - *dideldei.*

Das doppelte Lottchen, es stahl mir - au wei -
ein kleines Stück Kleidung, ruck-zuck - *dideldei.*
Jetzt schwamm ich im Wasser - die Hose entzwei -
als Goldfisch im Becken, entblößt - *dideldei.*

Ich bat und ich drohte, rief laut: "*POLIZEI*",
doch all dies vergeblich, nichts half - *dideldei.*
Blamiert vor den Kumpels, - was ich nie verzeih' -,
lief ich nun als Flitzer zum Tuch - *dideldei.*

So endete damals die Nacktplanscherei
mit 2 Wochen Schnupfen, hatschi - *dideldei.*
Das Lied ist zuende, ich sage `Good bye`,
viel Spaß noch beim Balzen, gebt acht - *dideldei.*

Das Liedchen vom Spanner

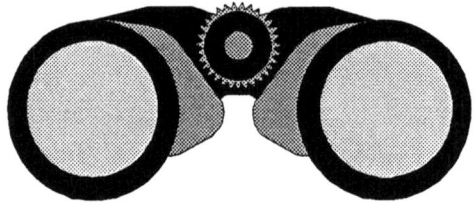

07. Das Liedchen vom Spanner

Einst zog ich als Jüngling recht ziellos herum,
am liebsten im Walde, aus Spaß - *dideldum.*
Die Vögel, sie sangen, das Bienchen macht "*Summ*",
ich lauschte voll Freude dem Lied - *fidibum.*

Da sah ich hoch droben im Baum, still und stumm,
2 Beine in Stiefeln, ein Mann - *dideldum.*
Versteckt und mit Fernglas, so spähte er rum,
der seltsame Vogel sang kein Fidibum.

Ich ahnte sogleich, denn ich war ja nicht dumm,
ein "*spannender*" Kuckuck saß dort - *dideldum.*
Am Baum stand `ne Leiter, ich trat diese um,
ein Schrei aus dem Wipfel, kein Fidi, nur Bumm.

Nun lag er am Boden, zerschunden und krumm,
das Fernglas zerbrochen, oh wei - *dideldum.*
Die Stirn ziert `ne Beule, im Schädel macht`s "*Brumm*"
das Hütchen mit Feder war hin - *fidibum.*

Beim Anblick des Spanners verließ mich der Mumm,
der Herr war vom Forstamt, auf Pirsch - *dideldum.*
Er war ziemlich sauer, weiß gar nicht warum,
und sang mir ein Liedchen, das klang Fidibum.

Noch heut´ bin ich rastlos und ziehe darum
hinaus in die Wälder, zum Spaß - *dideldum.*
Die Vögel, sie singen - mein Herz macht "*Pumm-Pumm*" -
mein Liedchen vom Spanner, sing mit - *fidibum.*

Bauchweh

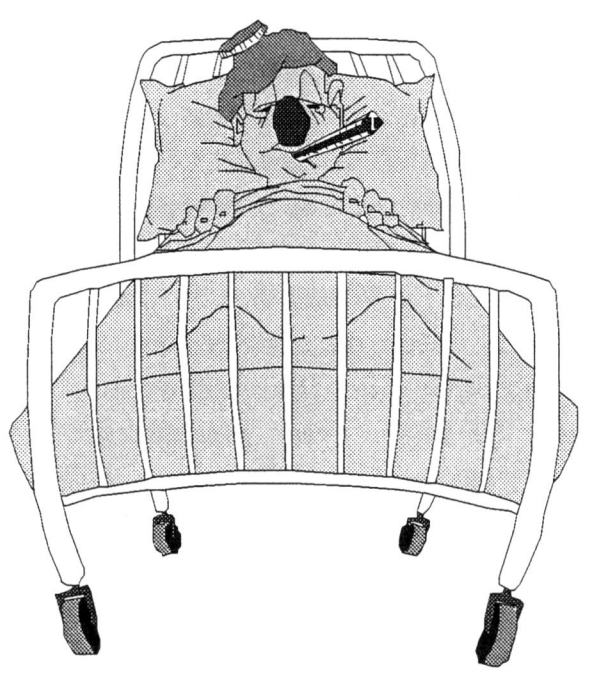

08.   Bauchweh

Mein Magen spielt Fahrstuhl, der Bauch rebelliert,
doch sagte mein Arzt mir, dass sowas passiert,
ich war grad´ beim Doktor, er hat mich gecheckt
doch seltsamerweise nichts Schlimmes entdeckt.
Seit Tagen kein Hunger, 5 Kilo schon weg,
nur Haut mit viel Knochen, statt saftigem Speck,
das ist doch bedenklich, vielleicht geht´s zuend´,
wahrscheinlich ein Virus, den bloß keiner kennt.
Ich fühl mich so elend, häng´ nur noch herum,
bin traurig und lustlos und weiß nicht warum,
kein Freund kann mir helfen, ich bin infiziert,
"Laßt mich doch in Ruhe, bin nicht int´ressiert".
Musik von den SCORPIONS, von QUEEN und PINK FLOYD
ist alles im Leben, was mich noch erfreut,
ich lieg auf dem Sofa, starr Löcher in Luft,
bau´ Traum-Schloß für Traum-Schloß, doch jedes verpufft.
Es war letzten Samstag, als alles begann,
bei Tonis Geburtstag, - da fing es schon an -;
das Essen war Klasse, hat prima geschmeckt,
und trinken .., - es ging so -, vielleicht zuviel Sekt.
Getanzt wurde reichlich, bis spät in die Nacht,
-dass mir das mal Spaß macht, hätt´ ich nie gedacht-,
die Freundin von Tina, - `ne echt süße Maus -,
kann supergut tanzen und sieht auch toll aus.
Begabt wie ein Tanz-Bär, so tapste ich mit
und hab´ sie gepiesackt mit mancherlei Tritt,

doch sie war geduldig und hat nur gelacht
und mit mir bis morgens `nen Tanzkurs gemacht.
Doch seit diesem Abend geht´s mit mir bergab,
- Ach, wenn ich nur wüßte, was ich denn bloß hab´ -,
das Telefon klingelt, ich meld´ mich und dann
hör ich mich nur rufen: "*Natürlich, ich kann*!".
Es war dieses Mädchen, die `Tanzmaus´ Jeanette,
sie sagte: "*Am Samstag war´s wirklich sehr nett !*
Ich möcht´ heut´ ins Kino, doch nicht gern allein,
würd´st Du vielleicht mitgeh´n ?" - da sag´ ich nicht Nein.
Um 8 Uhr ins Kino, dann Tanz im BALU,
- ich hüpfe durch´s Zimmer und denke "*Nanu ?*".
Kein Bauchweh, kein Trübsinn, - das Leben ist toll -,
mein Magen schreit "*Hunger*", den schlag´ ich jetzt voll,
jetzt weiß ich auch endlich, warum man nichts fand,
denn diese Art Krankheit wird `*Liebe*´ genannt.

Ein Blättchen
im Winde

09. Ein Blättchen im Winde

Einst fand ich ein Bäumchen im sonnigen März
und schnitt in die Rinde ein sehnendes Herz,
doch lief aus dem Herzen, - ich glaubte es kaum -,
ein harz-gold´nes Tröpfchen als Träne vom Baum.
Den schimmernden Tropfen ganz zart in der Hand
bat ich um Verzeihung, ich glaub´, er verstand;
Gefühle und Schmerzen miss´ niemals daran
ob der, dem du weh tust, auch "Au" sagen kann.
Ich lief ein paar Schritte durch wogendes Grün
und sah voller Freude das Leben erblüh´n,
die Büsche und Bäume voll zartgrüner Pracht,
verhaltenes Zwitschern, - der Frühling erwacht.
Mein Blick streift durchs Grüne, ich atme den Duft
von Frühling und Blüten, von lebender Luft,
der Baum auf der Wiese, - nicht allzu weit weg -,
verharrt dort in Schönheit, grad´ zu diesem Zweck.
Gewachsene Anmut, verwurzelter Stolz,
ein Beispiel der Schöpfung aus lebendem Holz,
die spielenden Zweige, - wie Finger beim Kind -,
sie tanzen am Himmel und fangen den Wind.
Da plötzlich ein Windstoß, - das Laub, es erbebt -,
ein Blättchen, es klammert, grad´ so als wenn´s lebt,
es kann sich nicht halten, die Kraft reicht nicht aus,
im Spiel mit dem Winde reißt dieser es aus.
Der Wind trägt´s zu Boden, behutsam und sacht,
- er hat es bestimmt nicht mit Absicht gemacht -,

grad´ vor meinen Füßen legt er es bereit
als wollt er mir sagen: "*Es tut mir doch leid*".
Ich nehme das Blättchen, so zart und so klein,
und spüre wie´s zittert, da fällt mir was ein,
man mag gar nicht glauben, was Harz alles kann,
ich lauf´ zu dem Bäumchen und kleb´s wieder an.

Das Mädchen am
Bus-Stop der Linie
`Zwölf-Zehn´

10. Das Mädchen am Bus-Stop
der Linie `Zwölf-Zehn´

Noch heut´ denk´ ich manchmal mit klopfendem Herz
an jene Begegnung im sonnigen März,
ich war noch ein Teenie im fünfzehnten Jahr,
kein Fältchen im Antlitz, kein Silber im Haar.
Ich wollt´ mit dem Bus fahr´n, mit Linie `Zwölf-Zehn´,
am Bus-Stop "4 Eichen" hab´ ich sie geseh´n,
sie stand gegenüber, - am Stop vis- -vis -,
und diese Begegnung vergess´ ich wohl nie.
Sie war etwas älter, - vielleicht siebzehn Jahr -,
mit rehbraunen Augen und tiefschwarzem Haar,
fast wie bei `nem Pony im fröhlichen Trab,
fiel ihr diese Mähne zum Rücken herab.
Ihr Blick war ein Märchen, ihr Lächeln Magie,
ein Mädchen wie dieses, das sah ich noch nie,
ich stand wie verzaubert, - gefangen im Bann -,
ihr gleich gegenüber und sah sie nur an.
Mir stand die Bewund´rung auf Stirn und Gesicht,
sie hat´s wohl gesehen und schwer war dies nicht,
ihr Blick traf den meinen und was dann geschah´
war nur ein Momentchen - der Ewigkeit nah´.
Ertrunken in Sehnsucht, verlor´n in dem Braun,
ließ ich sie Sekunden mein Innerstes schau´n,
sie gab mir ein Lächeln, ihr Bild als Geschenk,
- das Mädchen von damals, an das ich heut´ denk´.

Der März meiner Jugend ist Jahre schon her,
ich schenkte ihr alles, mein Herz und noch mehr,
noch heut´ fahr´ ich manchmal mit Linie `Zwölf-Zehn´,
doch hab´ ich nie wieder dies´ Mädchen geseh´n.

Bin Dichter und Denker ...

11.   Bin Dichter und Denker ...

Bin Dichter und Denker ..
.. bin Freudenverschenker !

Ob albern, humorvoll,
mit Sinn oder nicht,
der Spaß meiner Leser
ist Ziel der Geschicht´.

Bin Dichter und Denker ..
.. bin Satzbauverrenker !

Tausch Subjekt mit Objekt,
nutz´ Interpunktion,
das Prädikat "*wertvoll*"
steht hinten als Lohn.

Bin Dichter und Denker ..
.. bin Buchstaben-Henker !

Ich kapp´ gern´ die Enden,
aus hoffen wird hoff´,
ich kürz´ mit dem Fall-Beil,
genannt "*Apostroph*".

Bin Dichter und Denker ..
.. bin Reim-Rhythmus-Lenker !

Die Reime, die kurzen,
sind Spaß-Verse pur,
die längeren Dinger
verzierter Natur.

Bin Dichter und Denker ..
.. mag Fremdsprachenschlenker !

Die Frage der Endung,
" *Wie reimt sich das nur* ?"
macht manchmal aus "*Liebe*"
auch "*Love*" und "*Amour*".

Bin Dichter und Denker ..
.. bin heilender Kränker !

Ich stichel und stänker,
- Kritik muß mal sein -,
bin Mahner und Zänker,
doch niemals gemein.

Bin Dichter und Denker ..
.. bin Streitwagenlenker !

Die Sprache ist Waffe,
geflügelt mein Pferd,
in Herzen und Köpfen
versenk´ ich mein Schwert.

Bin Dichter und Denker ..
.. bin Schiffchenversenker !

Den Luxus-Piraten
im Meer des Kommerz
versenk´ ich das "*Traumschiff*"
mit treffendem Scherz.

Bin Dichter und Denker ..
.. bin nicht Luis Trenker !

Statt luftiger Gipfel,
so schwindelig schön,
erklimm´ ich doch lieber
poetische Höh´n.

Bin Dichter und Denker ..
.. bin Wertpapier-Banker !

Den Wortschatz, den großen,
bring ich zu Papier,
als Aktie des Frohsinns,
nur käuflich bei mir.

Bin Dichter und Denker ..
.. bin zapfender Schänker !

Als lustiger Schankwirt
verzapf´ ich Humor,
die Gäste, sie lachen
von Ohr bis zu Ohr.

Bin Dichter und Denker ..
.. bin Taschentuchschwenker !

Auch schöne Geschichten
sind manchmal vorbei,
das " *Tschüss*" tät nicht reimen,
d´rum heißt es "*Good bye*".

Der Gärtner
von EDEN

12. Der Gärtner von EDEN

Im Garten von Eden, vor Tausenden Jahren,
da gab´s mal ´nen Gärtner, total unerfahren.
Er wollte gern pflanzen, den Schößling ins Beet,
er hatte Probleme, er wußt´ nicht, wie´s geht.
Da lief er recht ziellos durch den schönen Garten,
ihm blieb ja nur Eines, er mußte halt warten.
Die Hände erhoben, so hat er gefleht:

> *"Oh Herrgott im Himmel,*
> *schenk mir doch ein Beet."*

Der Herrgott hoch droben, der wußte schon bald,
wenn ich jetzt nichts tue, wird der nicht mehr alt.
So schickte er Adam, so hieß unser Mann,
ein Beet namens Eva, da war alles dran.

> *"Seid fruchtbar und mehrt Euch*
> *und preiset den Herrn",*

das war die Bedingung und Adam tat´s gern.
Er mühte sich redlich, bei Tag und bei Nacht
und pflegte, als hätt er´s schon immer gemacht,
die blühenden Knospen -Mon dieu, quelle amour-
am wogenden Busen von Mutter Natur.
So fleißig gepflanzt und auch reichlich begossen,
war es nur natürlich, da kam was gesprossen.

Im Schoße des Beetes, oh Wonne und Segen,
da wölbte sich etwas dem Lichte entgegen.
Voll Liebe und Freude, zurecht wie ich meine,
liebkost er die Wölbung und nicht nur die eine.

Nach gut 40 Wochen, da war's nun soweit,
der Adam der seufzte: "*Das wurde auch Zeit.*"
Ein Pflänzchen, zartrosa und noch furchtbar klein,
da jubelte Adam und nannte es Kain.
Doch sieh, welch ein Wunder, am Ende vom Nabel,
da hing noch ein zweites, dies nannte er Abel.
Verlockt von den Früchten, die Eva ihm bot
vergaß Adam alles, auch Gottes Gebot.
Der Herrgott im Himmel, der hielt das nicht aus,
drum sprach er zu Adam:

> "*Jetzt schmeiß ich dich raus.*
> *Mir wird ja ganz anders,*
> *wenn ich sowas seh,*
> *drum pack deine Sachen,*
> *werd glücklich, doch geh.*"

So ging also Adam mit Sprößling und Beet,
doch pflanzte er weiter, was jeder versteht.
Entscheidend ist doch nur der Sinn der Geschicht`:

> Dran schuld war der Gärtner,
> die Schlange war's nicht !

Politik
(Geflügelte Worte, Teil I)

13. Politik
(Geflügelte Worte, Teil I)

Geflügelte Worte, verschleierter Sinn,
man trifft sie alltäglich, - sieh´ ganz genau hin -,
sie täuschen und tarnen mit großem Geschick,
erläutern will ich dies am Wort `Politik´.
In Büchern erklärt man, - nur etwas verdreht -,
was man lexikalisch darunter versteht:
"*Verhalten und Handeln, allein und vereint,*
(damit sind Personen und Gruppen gemeint)
im Streben zur Herrschaft, Erlangen von Macht
in uns´rer Gesellschaft", wer hätt´ dies gedacht ?
Politisches Handeln hat demnach den Zweck
dass ich Ambitionen, - die ich sonst versteck´ -,
wie Machtgier und Habsucht, dies ganz nach Bedarf,
zum "*Wohl der Gesellschaft*" mal ausleben darf.
Doch steckt in dem Wörtchen, vom `*P*´ bis zum `*K*´,
noch mancherlei Hinweis, den keiner je sah´,
Chamäleon der Wahrheit, es heißt `*Politik*´,
die Farben sind wechselnd, ein uralter Trick.
Das `*Poli*´ steht vorne, - lateinisch für `*viel*´ -,
und steht für die Vielfalt der Regeln beim Spiel,
die Grundregel lautet, - egal was man tut -,
"*Der Bürger kauft alles, verpackt man es gut*".
Ob Kanzler, Minister, auch Opposition,
sie alle behaupten: "*Wir machen das schon*",
doch läßt man sie walten, - vom Volke gewählt -,
bleibt meist nicht viel übrig, von dem was erzählt.

Politische Wahrheit, - zum Vorteil gebeugt -,
ist Mogelverpackung, die Mißmut erzeugt;
der Glanz der Versprechen ist doch jedes Mal
ein täuschender Lichtblick im Schatten der Wahl.
Zieh ich jetzt vom `Poli` ein Stückchen noch ab,
erkenn ich voll Staunen, was ich jetzt noch hab´,
der `Po´ soll mir sagen, - das klingt etwas barsch -,
zahl´ brav Deine Steuern, der Rest ist für´n ... Urlaub.
Wo wir grad´ dabei sind, schau´n wir uns doch an
was man so am Ende des Worts finden kann,
die Silbe am Hintern, auf den ich jetzt blick´,
ist schlicht, doch bedeutsam, sie lautet kurz `tik´.
Man könnte jetzt sagen: "*Ich sehe darin
kein Fünkchen Bedeutung, erst recht keinen Sinn*",
doch dieses ist Täuschung, das Blendwerk gewollt,
was glänzt und was funkelt ist nicht immer Gold.
Das `tik´ steht ansonsten mit `tak´ nur zu zweit
als Kurzform für `Taktik´ und `Tik-Tak´, die `Zeit´.
Die `Taktik´ des Staates, - egal wer regiert -,
heißt "*immer vertuschen*" und wenn was passiert
trägt sicher die Schuld der Partei-Opponent,
politische Gegner und Wahl-Konkurrent.
Der Stuhl der Regierung ist Thron nur auf `Zeit´,
- ein sägender Neider steht längst schon bereit -,
man sollte sie nutzen, die 4 Jahre Frist,
damit´s nicht für alle das letzte Mal ist.
Entfernen wir jetzt auch beim `tik´ noch das `t´
bleibt schließlich und endlich das `ik´, was ich seh´,

dies steht für den Wahlspruch "*Ik muß nach Berlin*",
wohin ja jetzt alle auch stückweise zieh'n.
Politisches Wortspiel, - Rhetorik genannt -,
verärgert den Wähler, raubt ihm den Verstand,
beim ` *SCRABBLE* für Bürger gewinnt man nur dann
schaut man sich höchst kritisch die Buchstaben an.
Was zwischen den Zeilen, - von Worten verdeckt -,
an informativen Geheimnissen steckt,
ist schwer zu erkennen, - ihr habt es geseh'n -,
doch half ich euch gerne, grad' dies zu versteh'n.

Die Staatskunst der Rede, - viel drum, nicht viel drin -,
hat, - wie mein Gedicht hier -, mehr Worte als Sinn,
doch eines ist sicher, es hat was gebracht
habt ihr auch nur einmal von Herzen gelacht.

Kapital
(Geflügelte Worte, Teil II)

14. Kapital
(Geflügelte Worte, Teil II)

Geflügelte Worte, - wer kennt sie noch nicht -,
sind Salz und auch Pfeffer in jeder Geschicht',
wir nutzen sie täglich, - Bedeutung egal -,
man sieht dies recht deutlich am Wort `Kapital'.
Der Duden umschreibt es als "*geldwerter Lohn*
zur freien Verfügung als Investition",
dies ist, - wie ich finde -, ein Stück zu global,
da steckt doch noch mehr drin, drum schauen wir mal.
Das Wort fängt mit `*Kap*' an und wer kennt es nicht,
das "*Kap Guter Hoffnung*" der Seemannsgeschicht',
es stand bei den Seeleut' für stetigen Wind
womit man nur `*Knoten*' statt `*Knete*' gewinnt.
Doch trotz vieler Hoffnung, - genau wie beim Geld -,
beim `*Hoch*' ist nie sicher, ob dieses auch hält,
so mancher litt Schiffbruch am wilden "*Kap Horn*",
- das `*Kap*' ist bedeutsam, d'rum steht es auch vorn'.
Entferne ich diesmal vom `*Kap*' nur das `*p*'
bleibt nicht sehr viel übrig, ein `*Ka*' wie ich seh',
mit offenem Munde erkenn' ich den Scherz,
das `*Ka*' steht für `*Auto*' und dies für `*Kommerz*'.
Das `*pi*' in der Mitte, - mit etwas Verstand -,
hat man mathematisch als Faktor erkannt,
es füllt uns berechnend den Inhalt vom Kreis
doch nie meine Taschen, die leer sind, so'n ... Ärger.
Die Kasse ist trocken, die Lage fatal,
mit schlichteren Worten, es fehlt `*Kapital*',

mein Sparbuch liegt vor mir, ein trauriges Blatt,
man schätzt immer jenes, was man grad´ nicht hat.
Das `Kap´ steht am Anfang, am Ende das `Tal´;
in Rechnungsgebirgen, - so mancherlei Mal -,
durchwander ich tapfer und voller Geduld
das "Tal der Finanzen" in "Bergen der Schuld".
Doch jede Misere, so schlimm sie auch ist,
hat auch mal ein Ende und wie ihr ja wißt,
hast du mal kein Bares, bist pleite und blank,
bekommst du noch immer Kredit von der Bank.
Für läppische Zinsen gibt´s Startkapital,
ich bin wieder flüssig, der Rest ist egal,
"Wir geben doch gerne", - welch freundlicher Ton -,
die hilfreichen Banken, die machen das schon.
Kredit für das Auto, die Raten für´s Haus,
das macht doch heut´ jeder,- ich kenn mich da aus -,
ob Leasing, Finanzkauf, der Druck ist enorm,
das Trugbild des Reichtums `gesellschaftskonform´.
`Konsum´ heißt die Droge, der Dealer `Profit´,
der süchtige Bürger träumt längst `auf Kredit´,
kann er nicht mehr zahlen, droht Pfändungs-Gefahr,
die Tilgung läuft weiter, doch nur 7 Jahr´.
Der Himmel auf Erden kennt keine Moral,
wir grasen in Wolken von Schein-Kapital,
die Schäfchen sind willig und werden geschor´n
und manches hat mehr als nur Wolle verlor´n.
Stehst du dann ganz nackig und schamhaftig rot
bereu´ deine Sünden und folg´ dem Gebot

"Du sollst nicht verschwenden, was dir nicht gehört"
` ne weise Erkenntnis, die bloß keinen stört.

Theater des Lebens, - man spielt sich was vor -,
doch fällt dann der Vorhang, fällt auch der Humor,
"K *omödie* A *uf* P *ump* I *st* ..", vom Wort K.A.P.I.T.A.L.,
".. T *ragödie* A *us* L *eichtsinn*", versucht sowas mal !

Emanzipation

(Geflügelte Worte, Teil III)

15. Emanzipation
(Geflügelte Worte, Teil III)

Geflügelte Worte, - wir kennen sie schon -,
ein sehr schönes lautet ` Emanzipation´ .
"*Meist weibliches Streben, zu sein, was nicht geht*"
ist eine Erklärung, die keiner versteht,
12 Buchstaben halten, - sehr listig verdeckt -,
die wahre Bedeutung nach außen versteckt.
Für Herren der Schöpfung heißt ` emanzipiert´ ,
dass ` Mann´ seine Hosen samt Putzfrau verliert,
historisch verzeichnet ist dieses Gefecht
als ` Weiber-Revolte´ vom ` zarten Geschlecht ´ .
Das "*E*" steht für ` Eva´ und führend ganz vorn,
- die ` Rose von Eden´ zeigt ` Adam´ den Dorn -,
das "man" steht dahinter, ganz klein und gekürzt,
die Schlacht ist gewonnen, der König gestürzt.
Als Leitbild für Frauen mit scharfem Verstand
ist nach uns´rer Eva die ` Emma´ bekannt,
auch hier steht ein "*Emd*" an vorderster Front,
das fehlende ` M´ spielt jetzt Chefin bei Bond.
Selbst dort in Britannien, als prüde bekannt,
steht ` E´ an der Spitze vom englischen Land,
statt James und statt Adam regiert eine "*Queen*",
das ` E´ steht für ` Elli´ , - dies sei mir verzieh´n.
Den englischen "*man*" schrieb man immer schon klein,
auch war er stets kürzer, das ` n´ steht allein,
doch steht er im Plural, wird ` A-dam´ verdrängt,
weil nun in der Mitte die ` E-va´ drinhängt.

Ob "*men*" oder "*Männer*", - egal wie man´s schreibt -,
es ist heut´ nicht einfach, dass `Mann´ einer bleibt,
für `Chauvis´ und `Machos´ heißt "*emanzipiert*"
dass man nach der Krone auch Zepter verliert.
Die psychisch bedingte "*Mental-Kastration*"
ist oftmals nur Folge der Situation,
entmannt von der *Eva* , wie Adam dies glaubt,
fühlt er sich der Hosen, samt Inhalt, beraubt.
Das "*zip*" in der Mitte, - betrachtet´s genau -,
ist technisches Kürzel, - Bereich EDV -,
die `ZIP-Komprimierung´ im `Daten-Latein´
soll hier wohl symbolisch für `kleinmachen´ sein.
Das "*pa*" steht für `Papa´ , dem einzigen Mann
dem auch ´ne Emanze Respekt zollen kann,
trotz Liebe zum Vater, ganz vorn´ steht dann doch
das "*ma*" für die `Mama´ , wen wundert das noch !
Ganz hinten der Zipfel, - das kleine "*ion*" -,
ist chemisches Teilchen mit Ladungsfunktion,
die Größe ist winzig, doch das ist egal,
ein blitzschnelles Teilchen ist dies allemal.
Wofür dieses Teilchen, - der Zipfel -, wohl steht
und worum´s genau bei Entladungen geht,
das laß´ ich hier offen als Publikums-Quiz;
ein Tip an die Männer: "*Ihr kennt es gewiß* !"

"*Wir Männer sind Herrscher*" ist mein letztes Wort,
jetzt Schürze ins Eckchen, das Bügelbrett fort,
ich muß zur Kosmetik und dann zum Friseur,
damit ich heut´ Abend mein Weibchen betör´.

15 - 2

Eine `*himmlische*´ Geschichte

16. Eine `himmlische´ Geschichte

Als wenn das ganz so einfach wär´,
ich finde die Idee nicht fair,
warum denn ausgerechnet ich,
es gibt doch Bess´re, sicherlich !
Am dreißigsten, es war im Mai,
kam ein Kollege kurz vorbei
und fragte mich: "*Hey, Roland, du*
kennst doch die Zeitschrift `Hör mal zu`?
Dort gibt es jetzt, mehr weiß ich nicht,
´nen Wettbewerb um ein Gedicht.
Du hast doch großes Schreibtalent
und jeder der Kollegen kennt
dein Spitzenwerk vom letzten Jahr
als Weihnachten die Feier war.
Du machst bestimmt den ersten Preis,
wie ging´s nochmal, ach ja, ich weiß:
Ein Wichtel, der macht jeden froh
ich wünsche Frohes Fest, Ho, Ho."
Oh Mann, der Reim war echtes Glück,
spontan und gut, ein Einzelstück.
Jetzt sitz ich hier und denk: "*Es müßt*
´ne Muse kommen, die mich küßt",
doch auch nach Stunden, nichts passiert,
ich bin nur müde und mich friert.
Es ist saukalt, das Fenster auf,
ich nehm den Stuhl und steige drauf,

16 - 1

da kommt es, wie es kommen muß,
ich kriege meinen Musenkuss.
Der Stuhl hat Rollen, ich vergaß
und dort, wo ich noch eben saß
lieg ich nach einem schnellen Fall
und sehe Sterne, überall.
"*Das war echt schlau*" hab ich gedacht
dann plötzlich wird es um mich Nacht.
Ganz langsam steig ich sanft empor,
ich komm mir ziemlich blöde vor,
mit Nachthemd an und, wohlbekannt,
die gold´ne Harfe in der Hand.
Mein Kopf tut weh, ich werd verrückt,
doch auch auf meinem Haupte drückt
aus reinem Gold, doch viel zu klein,
ein wirklich echter Heil´genschein.
Mein Rücken juckt, ich schau nicht hin,
ich weiß, dass ich ein Engel bin.
„*Na ja, was soll´s*", denk ich bei mir,
so schlecht ist es bestimmt nicht hier
und erst einmal probier ich aus,
was holt man aus den Flügeln raus.
Ich schwing mich also kurzerhand,
trotz Nachthemd, Harfe, elegant
auf eine Wolke und schau dann
wo ich mal Anlauf nehmen kann.
Ich renne los, ein Super-Start,
doch plötzlich dieser Mann mit Bart,

taucht aus dem Nichts am Himmel auf,
ich denk: "*Oh Gott*" und knall schon drauf.
Das was jetzt kommt, scheint mir vertraut,
ein Sternenmeer, wohin man schaut.
Doch plötzlich ist die Stimme da,
sie sagt erfreut: "*Da isser ja!*".
Ich schlag die Augen auf und dann
steht über mir der alte Mann
mit Vollbart und mit weißem Haar,
ganz unversehrt, als wenn nichts war.
Mein Kopf dröhnt furchtbar, das wird sein
´ne Beule in dem Heil´genschein.
Die Flügel spür ich gar nicht mehr,
dafür die Harfe doppelt schwer.
Mein Nachthemd ist zwar strahlend weiß,
doch unten dran klebt noch der Preis
und irgendwas ist hier passiert,
die Wolken, - sie sind bunt kariert ! -
Verwirrt frag ich: "*Jetzt bin ich tot*
und krieg´ wohl auch noch Flugverbot?"
Da lacht der alte Mann und meint:
"*Mein lieber Freund, wie es mir scheint*
ist der Erfolg vom letzten Flug
für Ihre Knochen schon genug.
Noch eine Woche Krankenhaus
dann seh´n Sie wieder besser aus."
Ich schau mich um und lieg im Bett
der Chefarzt vor mir lächelt nett,

16 - 3

ein Turban sitzt auf meinem Kopf,
den linken Arm verziert ein Tropf.
Die Harfe in der rechten Hand
ist ein 5-Kilo-Gipsverband
und jetzt erinner ich mich dran
wie alles mit dem Stuhl begann.
Ich muß laut lachen, - tut das weh -,
doch wenn ich mich als Engel seh´,
mit Harfe und mit Flügelhemd,
der über eine Wolke rennt,
ist das zu komisch, wie gemein,
um trotz der Schmerzen ernst zu sein.
Oh Mann, das wäre doch ein Ding,
wenn ich das als Geschichte bring,
in Form gebracht mit Reim und Vers,
jetzt noch der letzte Satz, ... das wär´s !!

Fahrschule -
Nur Fliegen ist schöner

17. Fahrschule - Nur Fliegen ist schöner

Seit allerfrüh´ster Kinderzeit
begeistert mich Geschwindigkeit,
als Baby schon wurd´ ich ganz schwach
bei Cabrios mit Windelfach.
Ob Formel 1, Paris-Dakar,
so´n Tempo-Rausch ist wunderbar,
schon bald werd´ ich wie Schumi sein;
fehlt nur noch eins - der Führerschein.
Ein Klacks für mich, - so dachte ich -,
den Praxisteil, den brauch´ ich nich´,
so´n Quatsch, dass ich noch Stunden nehm
und Theorie, - gleich ` *Null Problem*´ !
Als Fahrtalent, wie ich eins bin,
zur Schule geh´n, - ich glaub´, ich spinn´ -,
doch ohne dies, da geht es nicht,
der Blödsinn ist, - wie sagt man -, `*Pflicht*´ !
Jetzt sitz´ ich hier, - verdammt noch mal -,
zum Unterricht im Schulungs-Saal
und auf dem Tisch liegt, - ziemlich leer -,
der erste Test - Mann, ist der schwer !
Ein schlichtes Frage-Antwort-Spiel,
- nur blöde ist, ich weiß nicht viel -;
3 Kästchen gibt´s, - so´n schöner Mist -,
von denen eins nur richtig ist.
Ich kreuze an, so gut ich kann,
- das meiste hört sich glaubhaft an -,

ein Kreuz bei A, dann B und C,
sind 2 zuviel, - Oh weh, Oh weh !
Die Schnitzeljagd im Schilderwald
geht gut voran, ich hab´ es bald,
mein Blatt sieht aus wie´n Lottoschein,
doch etwas Glück muß hier wohl sein.
Ein letztes Kreuz, - Mensch, das war knapp -,
die Zeit ist um, ich gebe ab,
der Prüfer zählt und spricht: "*Rekord*",
- ich werd´ ganz stolz, da fährt er fort:
"*Von 100 Stück, die möglich sind,*
da fehlen 2", - wer wagt gewinnt -,
"*2 Fehler mehr*", - so´n schöner Scheiß -,
"*und hierfür gäb´s `nen Sonder-Preis.*"
Wer 98 Fehler hat
der rasselt durch und dies recht glatt,
doch - Gott sei Dank - war´s nur ein Test,
mir bleibt nur eins - ich lern´ den Rest !
Wie Sissyphus mit Stein am Berg,
so biß ich mich durchs Regelwerk,
ich schlief nicht mehr, wurd´ wach und schrie,
- ich glaub´, ich litt an "*Schild-Phobie*".
Nach 20 Tests, da war´s geschafft,
- dank viel, viel Schweiß und Willenskraft -
kein Fehler mehr, ich war bereit
für Praxis und Geschwindigkeit.
Jetzt endlich naht der Lohn der Müh´,
- Termin um 8, ich bin zu früh -,

17 - 2

mit flauem Bauch und feuchter Hand
steh´ ich zuhaus am Straßenrand.
Dann endlich, - da -, ein Auspuff dröhnt,
ein Porsche naht, - das Glas getönt -,
ein Traum in Rot, schön tief und flach,
mit eingeklapptem Sonnendach.
Mein Herzchen hüpft, ich fühl´ mich schon
wie 00-Bond, der Top-Spion,
als cool-charmanter Super-Held
erober´ ich die Damen-Welt.
Ich wink´ ihm zu und tret´ nach vorn,
er blinkt und hupt mit Drei-Klang-Horn,
dann gibt er Gas, ich spring zurück,
der Fahrer lacht, - so´n blödes Stück.
Noch leicht verwirrt steh´ ich so rum,
da hält ein Golf, - verbeult und krumm -,
Herr Bond fährt heut´, - ein schönes Bild -,
´nen Diesel-Jet mit Fahrschul-Schild.
´Nen Porsche fahr´n beim Führerschein,
- wie kann man nur so dämlich sein !? -,
das ist und bleibt ein Hirngespinst,
ich steig schnell ein, der Lehrer grinst.
Die erste Pflicht, - der Fahrzeug-Check -,
prüft Blinker vorn und auch am Heck,
der Wischer wischt, das Lenkrad lenkt,
Benzin ist drin, der Gurt versenkt.
Den Schlüssel rein, ein kleiner Dreh,
der Wagen hüpft, - Ohjemine -,

der Gang war drin, die Kupplung nicht,
- ich fühl', wie mir der Schweiß ausbricht.
Erst Bremse, Kupplung, Leerlauf rein,
- das kann doch nicht so schwierig sein -,
jetzt nur ganz ruhig den Schlüssel rum,
wer sagt es denn, es macht ` *Brumm-Brumm*'.
Nach vorne weg, da geht's grad' nicht,
mein Vordermann steht viel zu dicht,
wenn's vor nicht geht, dann hinten lang,
- doch wo steckt hier der Rückwärtsgang ?
Ich schalt' und schalt', ich zieh' und zerr',
treff' jeden Gang, nur nicht in ` *R*';
trotz etlichem Benzinumrühr'n
gelingt's mir nicht, ihn aufzuspür'n.
Der Lehrer schaut und zeigt mir dann
am Griff 'nen Knopf, da zieht man dran,
"*Verstand statt Kraft*", erklärt er mir,
"*was man nicht weiß, das lernt man hier.*"
Jetzt wo der Gang sich schalten läßt,
da leg' ich los, - total durchnäßt -,
der Schweiß tropft mir von Stirn und Haar'n
und ich bin nicht mal losgefahr'n.
Der Gang ist drin, jetzt Kupplung los,
das Gas schön durch, - das klappt famos -,
der Motor jault, der Golf geht ab,
ein Auto hupt, - Mensch, das war knapp !
Mein Lehrer ist im Sitz erbleicht
und flüstert blass: "*Ich glaub', es reicht*",

doch nicht mit mir, jetzt fängt´s erst an,
- zur Seite, hier kommt Turbo-Mann !
Der Motor dreht mit schrillem Klang
6000 Tour´n im ersten Gang,
mit Bleifuß rechts und Blick nach vorn
nehm´ ich zuerst `nen Benz aufs Korn.
Mit ca. 70 Sachen drauf
jag´ ich ihm nach und hol´ auch auf,
der Wackel-Hund im Heckbereich
rückt greifbar nah´, - ich hab´ dich gleich.
Mein Lehrer, der nur "*Schalten*" schreit,
wird ignoriert, - hab´ keine Zeit -,
denn grad´ im schönsten Drehmoment
seh´ ich, wie vorn´ ein Bremslicht brennt.
Mit Nerven, hart wie Edelstahl,
reiß´ ich noch rum und brems´ nicht mal,
der Dackel grüßt beim Flug vorbei,
jetzt hab´ ich Zeit, - wo war Gang Zwei ?
Ein Blick nach rechts, - kein Lehrer da ? -,
im Heck rumort´s, - da isser ja -,
bin wohl zu hart ums Eck´ gezischt,
- nicht angeschnallt und kalt erwischt !
Ich brems´ kurz ab, schon sitzt er vorn´,
- er gluckst und grinst, am Kopf ein Horn -
der arme Kerl, er hat `nen Schock
und muß sofort zum Seelen-Doc.
Den Arzt zu hol´n bleibt keine Zeit,
der Fall hat höchste Dringlichkeit,

da bleibt nur eins, - ein Not-Transport -,
ich fahr ihn selbst, - ein Mann, ein Wort.
Mit Hupkonzert und Warnlicht an
beweis' ich jetzt, was ich so kann,
- der Reifen quietscht und qualmt ganz zart
beim fulminanten Vollgas-Start.
Als Fahrschul-Schüler lernt man ja,
`Ein Rotlicht ist zum Bremsen da`,
doch weiß ich auch, - vom Kino her -,
das gilt nur für Normal-Verkehr.
Im Action-Film aus Hollywood
sorgt mancher Held für Schrott und Schutt,
`Ein Held gibt Gas, - egal ob Rot -,
wer bremst, verliert!` - laut Film-Gebot.
Als potentieller Action-Star
verachte ich das Wort `Gefahr`;
ich zwäng mich kühn, - mal kreuz, mal quer -,
durch kleine Staus im Stadt-Verkehr.
Da vorn am Schild steht `KRANKENHAUS`,
- der Pfeil zeigt rechts, ich fahr grad' aus -,
der schnellste Weg zum Klinikum
führt mittendurch, nicht aussen rum.
Das `Schlitz-in-Dose-Sparschwein-Schild`,
das nur für eine Richtung gilt,
steht leuchtend rot als Warnsignal
am Straßenrand, - ist mir egal!
Ich saus' vorbei, den Lehrer freut's,
- er kichert leis' und schlägt ein Kreuz -,

die Straße führt, schnurgrad' und schmal,
exakt zum Klinik-Front-Portal.
Fast bin ich da, hab' freie Sicht,
da kommt von vorn, - ich glaub' es nicht -,
ein rotes Porsche-Cabrio
und blinkt mich an, ich denk' "*Hallo* !"
Das gleiche Rot, getöntes Glas,
der gleiche Typ, - das wird ein Spaß -,
er blinkt und hupt, steht auf der Stell'
und fordert mich zum Blech-Duell.
So wie man's aus den Western kennt
steh ich mit Golf am einen End',
am and'ren steht, schön arrogant,
der Porsche-Fahrer UNBEKANNT.
Dann geht es los, das Gas heult auf,
der Porsche rast, ich halte d'rauf,
- die Kugel rollt, das Spiel beginnt,
ein Spiel, das nur ein ` *Mann*´ gewinnt.
2 Kerle im Frontal-Verkehr,
der Abstand schmilzt, viel fehlt nicht mehr,
mein Lehrer klatscht, da wird mir klar,
dass ich nur blöd, nicht männlich, war.
Im allerletzten Augenblick
macht's, - Gott sei Dank -, im Köpfchen ` *Klick*´ ,
mit Engels-Schutz von höchster Stell'
geht alles Weit're rasend schnell.
Die Bremse kreischt, die Lenkung kracht,
ein Reifen platzt, - was gar nichts macht -,

im schumihaften Seitwärts-Drift,
wird elegant der Feind umschifft.
Der knüppelharte Boxen-Stop
war - ungelogen -, "*einfach top*",
der Wagen steht, - paßt prima hin -,
in fremder Leut´s Garage drin.
Im Heck erklingt, - man kennt´s ja schon -,
ein leidensvoller Schmerzens-Ton,
des Lehrers Stirn verzieren jetzt
2 Beulen schon, nur leicht versetzt.
Noch etwas blass, doch sonst recht klar,
bemerkt er nur: "*Wie sonderbar.*
Ich glaub´, ich bin kurz eingenickt",
und stutzt, als er das Haus erblickt.
"*Wie nett von Dir, den Weg zu spar´n*
und mich direkt nachhaus zu fahr´n.
Die Fahrt verging fast wie im Flug,
doch denk´ ich mal, heut´ ist´s genug."
Ich starr ihn an und glaub´ es nicht,
- das Ganze ist `ne Witz-Geschicht´ -,
doch scheint es mir, dass dieser Mann
sich rein an nichts erinnern kann.
Das Schicksal meint es gut mit mir,
solang´ dies währt, verschwind´ ich hier,
ein kurzer Gruß: "*Hat Spaß gemacht*"
dann schnell zum Bus und ..... laut gelacht.
Ich wünsch´ mir nur, mit aller Kraft,
die Amnesie bleibt dauerhaft,

17 - 8

wenn der sich mal erinnern kann,
schaff´ ich mir gleich ein Fahrrad an.
Von heute an, - so schwöre ich -,
fahr´ ich korrekt und heize nicht,
bestärkt hat mich in diesem Eid
ein kleiner Gnom im Porsche-Kleid.
Auf meiner Fahrt im Bus nachhaus,
da sah ich ihn, - sah lustig aus -,
wie Rumpelstilzchen hüpfte er
vor einem Riesen-Müllberg her.
Der Porsche stand, zerknautscht und krumm,
inmitten einer Kreuzung rum,
gefüllt mit Müll bis hoch zum Rand
vom Müll-Mobil, was vor ihm stand.
Mit 80 Sachen hinten drauf,
als Folge ging die Klappe auf,
- auf diesen Duft, du armer Wicht,
steh´n Königstöchter wirklich nicht !

Alles nur Aberglaube, oder ?

18.   Alles nur Aberglaube, oder ?

Das Leben hält zu jeder Zeit
so manchen schlechten Scherz bereit,
doch dies ist meist, - so denke ich -,
ein bißchen Pech und mehr auch nich´.
Ich selbst glaub´ nur, was ich auch seh´,
so´n Kobold-Quatsch ist längst passé,
ich bin immun, bin Realist,
"*vom Pech verfolgt*" ist blöder Mist.
"*Verschütt´ kein Salz, denn das ist schlimm,*"
sprach Oma einst mit leiser Stimm´,
"*auch meide Leitern, brich kein Glas,*
fluch´ nie den Herrn, auch nicht zum Spaß.
Häng´ Wäsche ab im Alten Jahr,
weich´ Kätzchen aus mit schwarzem Haar",
tu `dieses´ nicht, laß `jenes´ sein,
- ihr Repertoire war nicht grad´ klein.
Die alte Mär vom `Unglücksstern´
ist überholt und unmodern,
beim Aufsteh´n kann nicht wichtig sein
ob rechtes oder linkes Bein.
Doch heut´ ist frei und gleich halb zehn,
soll´n and´re ruhig zur Arbeit geh´n,
mein Bett ist warm und kuschlig weich,
das Frühstück lockt, - ich komme gleich.
Mein Magen knurrt wie´n Teddybär
der klingt, als wenn er hungrig wär,

mit frischem Schwung geht´s aus dem Bett
und mit "*Krawumm*" vor´s Bügelbrett.
Am linken Fuß, der kleine Zeh,
ist leicht geknickt, - Mann, tut das weh -,
"*Oh Himmelherrgottsakrament !!!*",
das kommt davon, wenn man nur pennt.
Bin selber schuld, - ich weiß es ja -,
das Brett steht schon seit gestern da,
hätt´ ich´s doch nur gleich weggestellt,
mein Zeh wird blau, - gemeine Welt.
Als lahmer Frosch hüpf´ ich ins Bad,
der Zeh pulsiert, - verdammte Tat -,
zur Dusche rein, den Hahn weit auf
und erstmal kaltes Wasser drauf.
Der Zeh schwillt ab, - Oh, tut das gut -,
jetzt warm geduscht, das hebt den Mut;
ich dreh´ und dreh´, doch nichts passiert,
nichts Warmes kommt, mein Fuß erfriert.
Die Heizung aus, Warmwasser auch,
- ich spüre leichte Wut im Bauch -,
das Herzchen rast, mein Hirn friert ein,
wie schön kann doch kalt duschen sein.
So richtig wach und blau gefror´n
fühl´ ich mich gleich wie neu gebor´n.
Jetzt 2 Croissants, dazu ein Ei,
5 Brötchen, Wurst, Kaffee dabei
und alles ist gleich halb so schwer,
die Dose auf, der Kaffee - leer !!!

Das gibt´s doch nicht, was ist heut´ los ?
Den Kühlschrank auf, - die Freude groß -,
ganz oben rechts ein letztes Ei,
ich nehm´ es raus, es rutscht dabei,
es fällt herab, - grad´ auf den Zeh´ -,
schlägt platzend auf, - Mensch, tut das weh -.
Nach Kriegsgeheul und Rothaut-Tanz
schaut ` *Ei am Fuß* , ob Zeh noch ganz,
die Farbe reicht von grün bis blau,
"*Mein Zeh sein heut´ auf Kriegspfad - How* !!"
Der Schmerz klingt ab, das Eigelb kühlt,
zurück ins Bad, den Fuß gespült,
mit Schlappen an, - weil Schuh zu klein -,
spring ich mal kurz bei ALDI rein.
Ganz vorne an seh´ ich das Schild
das ganz speziell wohl mir heut´ gilt,
"*Grad´ frisch gebohnert ! Rutschgefahr* !!"
- ob dies ein Wink des Schicksals war ?
"*April, April, doch nicht mit mir,*
es ist ja gar nicht rutschig hier",
ein kleiner Schwung, vielleicht zuviel,
ich dachte "*Ups*", als ich schon fiel.
Ganz plötzlich war die ganze Welt
verdreht und auf den Kopf gestellt,
der ungewollte Salto war
nach Haltungs-Noten "*wunderbar*".
Die Landung war, - nach Laienart -,
nicht wirklich schön, nur knochenhart,

das Steißbein schmerzt, der Kopf tut weh,
doch - Gott sei Dank - mal nicht der Zeh.
Noch leicht verdreht, mit blauem Fleck,
schau ich mich um, - ein Schlapp ist weg -,
doch einer reicht, - für mich ein Klacks -,
ich lauf `ne Kür auf Bohnerwachs.
So legte ich, mit sehr viel Glück,
fast unverletzt den Weg zurück,
erst Kaffee hol´n, dann Eier-Stand,
wobei ich auch was wiederfand.
Inmitten von zermatschtem Ei
liegt - lang vermißt - der `*Schlappen 2*´,
kometenhaft traf er sein Ziel
und von den Eiern blieb nicht viel.
Im Dotter-Meer der Klasse A
war´n g´rade noch 10 Ganze da,
der Rest war Bruch, ein teurer Spaß,
doch Glück für mich, denn keiner sah´s.
3 Kassen voll, nur eine leer,
da fällt die Wahl mir wirklich schwer,
doch auf dem Gang zur Kasse 4
seh´ ich noch ein Problem vor mir.
`Ne Leiter steht, - entklappt und breit -,
quer über´m Gang als Tor bereit,
sie lacht mich an, - kann gar nicht sein -,
und lädt zum Drunterdurchgeh´n ein.
"*Man geht nicht unter Leitern her*",
ist Aberglaub´ und gilt nicht mehr,

ein bißchen Schwung, kurz anvisiert,
denn schließlich gilt: "*Wer wagt ... verliert*"
Der Schwung trägt mich zwar, wie geplant,
durchs Leiter-Tor, doch keiner ahnt,
dass mittendrin, - so´n schöner Mist -,
damit´s auch hält, `ne Kette ist.
Das dünne Ding, - ich sah es nicht -,
und mit viel Schwung und viel Gewicht
häng´ ich dran fest, - in Höhe Bauch -,
der Kaffee fliegt, die Eier auch.
Zum zweiten Mal an diesem Tag
geschah´s, dass ich Parterre lag,
der Steiß schwillt neu und `*Ach, wie fein*´
ich sehe bunte Vögelein.
Der Schmerz läßt nach, - Gott sei´s gedankt -,
der Schwindel nicht, - die Leiter schwankt -,
und obendrauf schwankt fröhlich mit
das Azu-Bienchen Fräulein Schmidt.
In wildem Schwung geht´s hin und her
und plötzlich ist die Leiter leer,
grad´ aufgerafft, lieg ich erneut,
doch nicht allein, was mich sehr freut.
Die süße Last von 100 Pfund
ist etwas blass, doch kerngesund,
dass sie mich mag, das merk´ ich gleich
am Handabdruck im Kinnbereich.
Die Wange rot, das Steißbein blau,
fast umgehau´n von einer Frau,

der Schädel brummt von Sturz und Schlag,
- für mich steht fest: "*Is´ nich´ mein Tag*".
Ich denk zurück wie´s heut´ begann,
- der linke Fuß, damit fing´s an -
geflucht wurd´ auch und nicht sehr fein,
und jetzt die Leiter - kann das sein ?
Ich komm´ mir echt bescheuert vor
und zieh´ mich am Regal empor,
ein letzter Ruck, ein Päckchen fällt,
- was hab´ ich heut´ bloß angestellt ?
Verstreut im Raum, so weit es geht,
liegt ein 5-Kilo-Salz-Paket.
"*Verschütt´ kein Salz*" tat Oma kund,
was gibt es wohl bei knapp 10 Pfund ?
Das einzig Gute ist daran,
dass man jetzt nicht mehr rutschen kann,
erst frisch gewachst, dann gut gestreut,
gibt sich´ren Halt für alte Leut´.
Auf meiner Flucht in Richtung Tür
seh´ ich noch grad´ , - kann nichts dafür -
wie eine Frau mit schwarzem Kleid
sich grad´ von etwas Ei befreit.
Das war´n sie wohl, die letzten 10,
dann muß es heut´ mal ohne geh´n,
kein Frühstücks-Ei und kein Kaffee,
- na ja, was soll´s, ich trink´ auch Tee !
Auf meinem Weg zurück nachhaus´
tret´ ich in Dreck und rutsch´ gleich aus,

es macht nur *"Patsch"*, ich sitz´ bequem
und ruf´ : *"So´n Scheiß"*, doch es ist Lehm.
Man glaubt ja nicht, wie Leute schau´n
hat man am Steiß `nen Fleck in Braun,
sogar ein Kind hat laut gelacht:
"Oh, Mamma, tuck. In Hos´ temacht".
Dann ist´s geschafft, mein Heim in Sicht,
doch vor der Tür, - das gibt´s doch nicht -,
liegt seidig-schwarz der Kater MOHR
und grinst mich an, von Ohr zu Ohr.
Als wenn er mich erwartet hat,
leckt er sich kurz die Pfoten glatt,
dann mauzt der MOHR und schnurrt mich an
dass keiner ihm mehr bös´ sein kann.
"Du armer Kerl, kannst nichts dafür",
Freund MOHRLE schnurrt, ich geh´ zur Tür,
ein Griff, ein Loch, ein kurzer Schreck,
der Schlüssel da, doch Geld ist weg.
Kein Ausweis mehr, kein Führerschein,
nix EUROCARD, nix Knete leih´n,
fast alles weg, was ich so brauch´,
"vom Pech verfolgt", - jetzt glaub´ ich´s auch.
Verschmutzt, verarmt und deprimiert
komm´ ich nachhaus´ und .. nichts passiert ?
Kein Leitungsbruch, kein Zimmer-Brand
und alles steht, wo´s vorher stand;
die Spannung wächst und ich bin´s leid,
"Oh, Schicksal tu´s. Ich bin soweit!"

Dem Wahnsinn nah´, - ich kicher schon -,
geht irgendwo das Telefon,
ich nehme ab und setz´ mich hin
weil ich doch heut´ so´n Glückskind bin.
Das Schicksal spielt uns seltsam mit
und hier trägt´s heut´ den Namen `*Schmidt*´.
Das Fräulein Schmidt, - mir wohlbekannt -,
berichtet mir, was sie grad´ fand;
mein Geld, Papiere und noch mehr,
- dort hat sie auch die Nummer her.
Mir fällt ein ganzer Stein vom Herz
und mir rutscht raus: "*Ist echt kein Scherz?*",
doch alles stimmt, - so´n Riesen-Schwein -,
der Jubel groß, die Vorsicht klein.
Beim Freuden-Tanz im Seitwärts-Schritt
nahm ich ein Stück vom Kabel mit,
der Schlappen hing, das Schicksal zog,
ein schneller Fall, der Hörer flog.
Noch ehe ich zu Boden ging
hör ich noch grad´ dies `*Klirr-Knirsch-Pling*´,
ich schau nicht hin, ich brauch´ es nicht,
so klingt es nur, wenn Glas zerbricht.
Der Spiegel liegt, wie soll´s auch sein,
in 1000 Scherben, - winzig-klein -,
der ganze Tag, - `ne Traum-Geschicht´ -,
ich schreib´ sie auf, sonst glaubt man´s nicht.
Am Anfang steht: "*Es war einmal* .."
dann Monat, Tag und Jahreszahl.

18 - 8

Was ist denn heut´ ? Kalender her ..
- jetzt wundert mich auch gar nichts mehr !

Das Leben hält zu jeder Zeit
so manchen schlechten Scherz bereit,
wenn ich euch sag´ , dass Freitag ist,
ob ihr dann wohl das Datum wißt ??

Schnipp-schnipp-schnapp, das Haar ist ab

19.   Schnipp-schnipp-schnapp, das Haar ist ab

Allmonatlich, von Jahr zu Jahr,
brauch´ ich `nen Schnitt für´s Wildwuchs-Haar;
solang´ ich mich erinnern kann
denk´ ich mit Grau´n und Graus´ daran.
In längst vergang´ner Kinderzeit
gab´s regelmäßig Krach und Streit;
"*Ein braver Jung´ trägt kurzes Haar*",
- `ne Meinung, der ich gar nicht war.
Kein Zetern half, kein Mordio,
ich mußt´ ins Pottschnitt-Studio;
im Hochpump-Stuhl, mit Umhang um,
ertrug ich dies, erstarrt und stumm.
Mit Bürste, Kamm und Schneid-Gerät
wurd´ erst gepflügt, dann abgemäht,
am Boden lag ein ganzer Berg
als Schnitt-Abfall vom Meisterwerk.
Ein letztes `*Schnipp*´ von Meister-Hand,
das Kind im Spiegel - unbekannt;
geschniegelt, brav und ordentlich,
hab´ ich gedacht: "*Das bin nicht ich*".
Beim Horror-Trip, der vor mir lag,
- der Weg nachhaus, am hellen Tag -
hat Bubilein, - ganz frisch gestutzt -,
fast jede Deckung ausgenutzt.
Zuhause dann, in Sicherheit,
tat ich mir erstmal selber leid,

ins Zimmer rein, die Türe zu,
"*Ich hasse Euch. Laßt mich in Ruh'* ."
Am Morgen drauf, - Oh Gott sei Dank -,
fühlt' ich mich schlecht und sterbenskrank,
doch Mutter sprach: "*Ist nichts zu seh'n*"
und ich mußt doch zur Schule geh' n.
Beim Schul-Kollegen-Erstkontakt
kam ich mir vor wie pudelnackt;
mit Bubi-Schnitt, - von Hand zerwühlt -,
weiß ich noch heut' , wie man sich fühlt.
Mit flauem Bauch, nach außen cool,
so schlich ich leis' zum Klassen-Stuhl,
der Lärm im Raum brach plötzlich ab,
- es kam, wie ich's befürchtet hab'.
Mein bester Freund, - so dachte ich -,
der brüllt los: "*Das gibt's doch nich'* ",
am Pranger steh' n, begafft und klein,
- die Schmach konnt' gar nicht größer sein.
Mit aufgesetzter Lässigkeit,
doch jederzeit zum Kampf bereit,
stand ich vor dieser Gaffer-Schar
und spielte ` *Django Superstar'* .
"*Eij, Mann*", sprach ich und sah mich um,
"*du has' wohl Schiß und keinen Mumm.*
Nur Mädchen tragen Haare lang',
- ein Spruch, der doof, doch männlich klang.
Egal wie doof, mein Sprüchlein saß,
(was ich in ihren Augen las)

die Jungs war´n eins: "*Mensch, der hat recht*",
die Mädchen auch: "*Ihr spinnt ja echt*".
Amnächsten Tag kam jeder `Mann´
mit kurzgeschor´nen Haaren an,
die Mädchen fanden´s "*oberdoof*"
und neckten uns im Pausen-Hof.
Die Kinderzeit ist Jahre her,
- gut zwanzig schon, vielleicht auch mehr -,
doch ganz egal, wie alt ich bin,
zum `*Hair-Stylist*´ zieht´s mich nicht hin.
Noch heute ist "*Friseur*" für mich
ein Schlüsselwort, - ich mag es nich´ -,
und immer noch komm´ ich nachhaus
und find´, ich seh´ bescheuert aus.

Selbst
ist der Mann

20. Selbst ist der Mann

"Ein Mann ist nur ein wahrer Mann
wenn er auch renovieren kann",
dies Sprüchlein ist g'rad soviel wert
wie jener Satz mit *"Frau am Herd"*.
Ob tapezier'n, ob Löcher bohr'n,
kannst du dies nicht, hast du verlor'n,
geschlechtsbedingt erwartet man,
dass jeder Kerl das mag und kann.
Ich bin ein Mann, - das steht wohl fest -,
doch mehr so'n Typ, der werkeln ` *läßt* ,
gemerkt hab' ich schon früh als Kind,
dass beide Hände Linke sind.
Seit letztem Jahr, - so lange schon -,
drängt meine Frau in sanftem Ton,
"Ach hör doch Schatz, meinst du nicht auch,
dass unser Bad `nen Anstrich brauch' ".
Sie hat ja Recht, - ich geb's ja zu -,
es wird längst Zeit, dass ich was tu',
so wie es ist, gefällt's mir nicht,
der Putz im Bad ist alt und bricht.
Gesagt, getan, ein Mann, ein Wort,
ab morgen gibt's `nen Streich-Rekord,
Tapete raus, Tapete rein,
das kann doch nicht so schwierig sein.
Im Baumarkt gibt's, - schön fein sortiert -,
all das wonach mein Herzchen giert,

am besten kauf' ich, - gleich komplett -,
das "*Hobby-Heimwerk-Luxus-Set*".
Von links nach rechts, - schön aufgereiht -,
hängt nagelneu und griffbereit
ein Werkzeug-Traum, samt Hobel-Bank,
im Echtholz-Kiefer-Klapptür-Schrank.
Ein Säge-Satz, ein Bohr-Besteck,
ein Schleif-Gerät für "*um die Eck'* ",
ein Riesen-Wust an Mat'rial
aus extrahartem Edelstahl
und schließlich dann, in jeder Tür,
Spezialwerkzeug, - Gott weiß wofür.
Auf einem Schild steht groß in Rot:
"*Nur heute noch im Angebot*",
Mensch, hab' ich Schwein, das ist echt stark,
der ganze Kram für Tausend Mark.
Ich schwitz' und stöhn', - aus gutem Grund -,
das ganze Teil wiegt hundert Pfund,
kein Karren da, ich zerr' und zieh'
und denk' dabei: "*Das schaff' ich nie* !".
Ein halbes Stündchen später dann
komm' ich bei Kasse 7 an,
mein Hemd ist durch, das Kreuz ist hin,
wie schön, dass ich so'n Trottel bin.
Am Eingang steht ein Riesen Schild
das allen blinden Kunden gilt:
"*Der Preis ist klein, der SERVICE groß,
wir liefern an, sie zahlen bloß.*"

Die Dame an der Kasse lacht:
"*Wir hätten´s auch nachhaus´ gebracht*",
trotz Schweiß im Hemd und Angesicht
bring´ ich den Spruch: "*Is´ kein Gewicht*".
Beim letzten Stück zum Parkplatz raus
reiß´ ich mir fast die Arme aus,
ich bin zwar blöd, doch konsequent,
ein wahrer Held, - total am End´.
Jetzt brauch´ ich noch den ganzen Rest,
Tapeten, Kleister, - extrafest -,
so´n Pinsel-Ding, `nen langen Tisch,
- Tapeten schneiden, ` *Wisch-Wisch-Wisch* .
Ein Sack mit Gips, - man kennt das ja,
die Wand zerfällt und nix is´ da -,
ein Spachtel-Set, 2 Eimer drauf,
und fertig ist der Groß-Einkauf.
Ein letzter Blick in ` *SANITÄR* ,
ob irgendwas noch nötig wär,
der neue Trend, - modern und hell -,
heißt Kachel-Look in "*zart pastell*".
Weil jede Frau, - wie ihr ja wißt -,
von sowas schlicht begeistert ist
und meine dies gern längst schon hätt´,
nehm´ ich sie mit, - bin ich nicht nett ?
Wie ich den Berg von Handwerks-Kram
so ganz allein nachhaus´ bekam,
war nicht so leicht, wie mancher meint,
ich sag´ nur eins: Ich hab´ geweint !

Gestärkt durch ein Kamillenbad
bin ich bereit zur nächsten Tat,
jetzt zeig' ich mal, was ich so kann,
Problem ist nur - Wo fängt man an ?
Da hilft nur eins, - das hab' ich drauf -,
ein Arbeitsplan, samt Zeitablauf;
die Planung und Logistik sind
seit eh' und jeh' mein liebstes Kind.
Als ersten Schritt ernenne ich
den Planungs-Chef, - natürlich mich -,
als zweiten Schritt, - das ist gemein -,
teil' ich mich selbst zur Arbeit ein.
Der Arbeitsteil `Tapete ab'
ist etwas, wo ich Übung hab',
das fand ich schon als Kind ganz toll,
besonders dort, wo man's nicht soll.
Doch hier ist jetzt Gelegenheit
zum Rückfall in die Kinderzeit,
ich knibbel, pul' und reiß' mit Schwung
und wachsender Begeisterung.
Der Putz ist morsch und ziemlich nass,
er fällt gleich mit, - wie ich das hass' -,
wo eben noch Tapete war,
ist jetzt ein Golfplatz, wunderbar !
Mal ziemlich klein, mal riesig groß,
hängt Loch an Loch, - was mach' ich bloß ? -,
im Bad sieht's aus, wie nach `ner Schlacht,
- ich glaub', ich hab' was falsch gemacht.

20 - 4

Was eben noch ein Handtuch war,
ist jetzt vor Schmutz schön steif und starr,
das nächste Mal, - zum Schutz vor Dreck -,
räum' ich wohl erst die Wäsche weg.
Nur Staub und Schutt, wohin ich seh',
da hilft nur eins, - jetzt kommt Plan B -,
man tut halt so, - als Kinder-List -,
als wenn man's nicht gewesen ist.
Problem ist nur, mir glaubt man's nicht,
die Schuld steht mir im Angesicht,
dann wird jetzt halt Plan C genutzt
und jedes Loch von Hand verputzt.
Der Moltofüll-Familienpack
steht vorn im Flur, - ein Riesensack -,
ein Eimer voll, kurz Wasser rein,
so einfach kann Verputzen sein.
Doch leider dann, - nach gutem Start -,
merk' ich ganz schnell - das Zeug wird hart;
der Spachtel knirscht, dann bricht er ab,
- wie gut, dass ich 2 Eimer hab'.
So körperliche Arbeit ist
- mit schlichten Worten - *"großer Mist"*;
die Hände wund, das Kreuz verdreht,
- man glaubt ja nicht, wie schwer das geht.
Nach ungefähr 3 Stunden dann
schau' ich mir stolz mein Prachtwerk an;
es ist geschafft, - Mensch, bin ich froh -,
die Wand ist glatt wie'n Kinder-Po.

Der letzte Schritt zur Perfektion
heißt `Marmor-Bad im rosa Ton´,
beim Kacheln gibt´s nur ein Problem
und zwar, was ich zum Kleben nehm´.
Da fällt mir ein, ich hab´ ja noch
den Kleister da, - das wär es doch -,
das Zeug hab´ ich doch gleich `en masse´,
- ich bin ein echtes Heimwerk-As.
Laut Packung wird´s nur `angerührt´,
was mich sofort zur Frage führt
"Worin denn nur?" - mir raucht der Kopf -,
ach ja, ich weiß - der Suppen-Topf.
Da passen gut 5 Liter rein,
- man muß halt nur flexibel sein -,
nur meine Frau, - fällt mir da ein -,
die könnt´ vielleicht dagegen sein.
Ich hör´ sie schon: "Bist du noch dicht?",
das Beste ist, ich sag´s ihr nicht,
und außerdem, - das steht dabei -,
ist alles "voll vergiftungsfrei".
Damit´s gut hält, - was ich ja hoff´ -,
nehm´ ich auch reichlich Kleister-Stoff,
es weiß doch schließlich Jedermann,
- der Mischungsgrad, auf den kommt´s an.
Der Putz im Bad ist knochenhart,
der Kleister klebt nach Kleister-Art,
man glaubt ja nicht, was man so kann,
- zur Seite, jetzt kommt Kachel-Mann.

Nach hundertsechsundfünfzig Stück
tret' ich von meinem Werk zurück,
ein kurzer Blick und man erkennt,
ich bin ein wahres Kunsttalent.
Der Linienfluß von freier Hand
ist nicht perfekt, - mehr ` *int'ressant'* ,
mein Kunstverstand, der taugt nicht viel,
doch jeder sieht, der Schwung hat Stil.
Der Suppen-Topf mit Kleister drin
ist unverkennbar ` *völlig hin'*
und mit dem letzten Kleister-Rest
kleb' ich noch die Tapete fest.
Den Klapp-Tisch auf, jetzt hier dran zieh'n,
- ist nicht so leicht, wie's mir erst schien -,
die Strebe quer, hier vorn das Bein,
- das kann doch nur ein Irrtum sein.
Im Glanzprospekt vom Baumarkt-Haus
sah dieser Tisch ganz anders aus,
geeignet wär die Klapp-Einheit
als Schanzentisch zur Skiflugzeit.
So gut es geht, - das heißt sehr schlecht -,
schneid' ich mir Bahn für Bahn zurecht,
das Stückchen Wand, das geht ` *rapp-zapp'* ,
nur deckenwärts, da wird's wohl knapp.
Beim " *Tapezier-an-Decken-Test*"
kleb' ich gleich 2 auf einmal fest,
mit langem Arm und Besenstiel
ist dieser Akt mehr Kampf als Spiel.

Doch schließlich klebt die letzte Bahn
am Himmel fest, - echt voll der Wahn -,
nach Handtuch-Tausch und Reinigung
glänzt unser Bad in frischem Schwung.
Ein Flausch-Handtuch, das stehen kann,
kommt äußerst schlecht bei Hausfrau'n an,
der Wäsche-Berg, er knirscht und staubt,
ein Mißgeschick, - ob sie das glaubt ?
Das Zeug muß weg, denn wie man weiß,
" *Was niemand sieht, macht keinen heiß*",
mitsamt dem Topf, - total versaut -,
wird alles fix im Müll verstaut.
Den Tisch braucht' ich nur anzuschau'n,
da fing er an, sich abzubau'n,
ein kurzer Griff, ein lautes "*Schnapp*",
die Hand zurück, - war richtig knapp !
Die Mausefalle XXL
hat mich verfehlt, ich war zu schnell,
selbst Katzen sind kein Risiko
für ` *Speedy G. aus Mexiko*' .
Ob schlaue Maus, ob dumme Katz',
mein Schränkchen braucht 'nen Hängeplatz,
am besten dort, wo jedermann
mein neues Schränkchen sehen kann.
Im Bad hängt doch so'n Klein-Regal,
- der Platz ist schön und sehr zentral -,
dort häng' ich's hin, dann kann man's seh'n,
das wird auch meine Frau versteh'n.

Erfreut hol´ ich den Bohrer raus
und such´ mir dann den Bohrkopf aus,
das Sortiment im Pappkarton
bohrt Holz und Stein, selbst Stahlbeton.
Am Kachel-Rand in Augenhöh´
bohr´ ich ganz sanft und peu-a-peu
ein Probe-Loch, - schön rund und klein -,
in Putz und in Tapete rein.
Doch grad´, als ich da Spaß d´ran fand,
stoß ich akut auf Widerstand,
ich denk´ bei mir *"Das kann nich´ sein"*
und bohr´ noch etwas tiefer rein.
Es knirscht und kreischt, - ein Funke sprüht -,
und schlimmer noch, der Bohrkopf glüht,
doch ganz egal, ich bohr´ nach Plan,
- das hätt´ ich besser nicht getan.
Ich drück´ und drück´ mit ganzer Kraft,
ein letzter Druck, - ich hab´s geschafft -,
der Bohrkopf zischt und schließlich dann
spritzt mich von vorn was Nasses an.
Aus meinem Loch trifft mich frontal
ein 10er-Bohrkopf-Wasserstrahl,
geduscht und nass von Ohr zu Ohr
schließ´ ich brillant: *"Ein Leitungsrohr*!".
Ein feines Loch, das ich da hab´,
die Frage ist: *"Wie dicht´ ich´s ab*?",
das Wasser strömt und sprüht mit Wucht,
wenn gar nichts hilft, - ergreif´ die Flucht !

Im Leben gibt´s bei einem Mann
den Punkt, wo er entscheiden kann,
Wahl 1 - die Maus, Wahl 2 - der Held,
naja, was soll´s, - ich rett´ die Welt !
Voll heldenhaftem Übermut
stürz´ ich mich in die Wasserflut,
den Finger auf das Loch gepreßt
macht´s plötzlich "*Plöpp*" - und ich steck´ fest.
Ein Teilerfolg an der Geschicht´
ist immerhin - das Rohr ist dicht -,
ich zieh´ und zerr´, was nur beweist,
ich steck´ hier drin wie festgeschweißt.
Gefangen von `nem Leitungsrohr
komm´ ich mir reichlich dämlich vor,
die Hand wird taub und außerdem
wird´s langsam kalt und unbequem.
Doch heute hat, - und weh´, ihr lacht -,
das Schicksal sich was ausgedacht,
das Gute kommt, - wie ihr ja wißt -,
von oben meist, was richtig ist.
Tapete 1, gefolgt von 2,
fällt von der Deck´, dann sind´s schon 3,
der Rest folgt auch, - ich glaub´, ich spinn´ -,
mein schönes Werk, es ist dahin.
Was ich voll Müh´ befestigt hab´
ist aufgeweicht und löst sich ab,
doch, Gott sei Dank, die Kachel hält,
- da macht´s es `*Klirr*´, die erste fällt.

Es klirrt genau, - ich zähle mal -,
noch hundertvierundfünfzig Mal,
dann wird es still, und ich schau´ hin,
- noch eine hängt. Na, immerhin !
So hing ich dann, - stellt euch das vor -,
2 Stunden noch am Leitungsrohr,
das Bad sah aus wie´n Trümmerfeld
und mittendrin - ein nasser Held.

Als Jammer-Bild in zartem Grau,
so fand mich meine Ehefrau,
- Geschichten gibt´s, die selbst ein Mann
ganz einfach nicht erklären kann !

Das Loch

(Trilogie der Vernunft, Teil I)

21. Das Loch
(Trilogie der Vernunft, Teil I)

Es ist wohl erwiesen, empirisch fundiert,
es gibt kaum ein Thema, das mehr int´ressiert,
als das uns´rer Herkunft, dem Sinn uns´res Seins,
doch trotz aller Forschung, Ergebnis gibt´s keins.
Ein uraltes Rätsel, bis heut´ nicht entdeckt,
für niemand zu fassen, in allem versteckt,
es gibt keine Lösung und es gibt sie doch,
es gab sie schon immer, die Antwort: *"Das Loch"*.
Kaum irgendein Ding hat, obwohl gar nicht da,
solch Macht und Bedeutung, die These liegt nah,
die Leere ist Lüge, das Loch existent,
für alle verborgen, weil jeder es kennt.
Das ist ein Geniestreich, die Lösung genial,
die Tarnung ist Klasse, wie sagt man noch mal,
den Wald unter Bäumen, den sieht man meist nicht,
genau wie die Nase im eig´nen Gesicht.
Die Wissenschaftsfolge heißt These - Beweis,
ein Strich mit 4 Ecken ist niemals ein Kreis,
und schließlich und endlich ist uns nur bekannt:
"Ein Loch ist ein Garnichts, mit festerem Rand".
Doch nur solch ein Garnichts, wie ihr jetzt ja seht
ist Muß und Bedingung, dass Leben entsteht,
denn jeder von uns kam, das Beispiel muß sein,
meist durch eine Öffnung, heraus wie einst rein.
Auch Flora und Fauna bei Mutter Natur,
sind lochlich gebunden, bedenket doch nur,

das Loch in der Schale bei Kükens Geburt,
das Korn auf den Feldern, es wächst, denn es wurd'
in Löchern gesät und dort blüht's und gedeiht's,
und erst das Loch Nessies gibt Schottland den Reiz.
Die Wüste wird fruchtbar, Oase sei Dank,
durch Löcher mit Wasser, welch' köstlicher Trank,
die Wohnung erst wohnlich mit Loch in der Wand,
im Volksmund gemeinhin auch Türe genannt.
Das Loch ist so nützlich, genau wie es stört
wenn man es dort findet, wo's nicht hingehört.
Manch' Schlüssel und Kleingeld fand auf diese Art
den Weg aus der Tasche und jeden trifft's hart,
wenn bei einer Radtour, ihr kennt es vielleicht,
die Luft aus 'nem Löchlein im Reifen entweicht.
Solch kleines Malheur ist noch nichts im Vergleich
mit größeren Löchern im Staudamm, im Deich;
die stolze ` Titanic' , vom Eisberg gerammt,
war einst durch ein solches zum Sinken verdammt.
Die Auswahl ist riesig, in Größe und Form,
das eine ist winzig, das and're enorm.
Vergleichen wir nur mal die Pore der Haut
mit endlosen Tunneln, durch Berge gebaut,
ein Zwerg und ein Riese, doch größer ist noch
dort draußen im Weltall ein tiefschwarzes Loch.
Planeten verschwinden, kein Mensch weiß wohin,
mit Teleskop Hubble erforscht man den Sinn,
ein Loch oder Masse, ganz klar ist es nicht,
doch eins ist erwiesen, das Ding frißt selbst Licht.

Ein Loch steht am Anfang, das Nichts als Beginn,
und eins steht am Ende, doch wo kommt man hin?

Ich danke dem Leser für seine Geduld,
habt ihr´s nicht verstanden, gebt Euch nicht die Schuld.
Beim nächsten Mal zeig´ ich, macht euch schon bereit,
die Wahrheit der These *"Bewegung gleich Zeit"*.
Am Anfang war Stillstand, dann fing alles an,
doch dies seh´n wir später, ich sage: *"Bis dann"* !

Die Zeit
(Trilogie der Vernunft, Teil II)

22. Die Zeit
(Trilogie der Vernunft, Teil II)

Von Anfang bis Ende, wer kennt dieses nicht,
ein Wort steht ganz vorne, eins nach der Geschicht',
doch zwischen den Wörtern, dem Anfang und End',
liegt dieses Momentchen, das jeder hier kennt,
es schwindet sekündlich, d'rum macht Euch bereit,
zur endlosen Reise zum Ursprung der Zeit.
Die Zeit ist ein Faktor, wir teilen ihn ein,
man kann ihn kaum messen, so klein kann er sein,
milliardstel Sekunden, atomuhrgestoppt,
und weg sind sie trotzdem, ist das nicht bekloppt ?
An Zeit herrscht kein Mangel, doch ist sie auch knapp,
zum Beispiel an Tagen, wo ich sie nicht hab',
sie ist mir sehr kostbar, geht meine zuend',
doch hab' ich am Schluß gut ein Drittel verpennt.
Die Zeit ist Begleiter, geliebt und gehaßt,
man fängt sie in Bildern, in Uhren gefaßt,
doch wenn man zu viel hat, wenn Überschuß droht,
ist man so verblendet und schlägt sie auch tot.
Doch wo kommt dies alles, die ganze Zeit her,
wann hat sie begonnen und gibt es noch mehr ?
Die Antwort, auf die sich schon Einstein berief,
ist mit Alberts Worten *"bedingt relativ"*,
denn Zeit heißt Bewegung, der Weg ist das Ziel,
Bewegung ist meßbar, egal ist wieviel.
Am Anfang war Stillstand, dann fing alles an,
die Welt in Bewegung, das Zeitmaß begann,

die erste Veränd'rung, nicht viel und nicht weit,
war jenes Momentchen, das erste der Zeit !
Es folgten sehr viele, die Zeit stand nie still,
man kann sie nicht bremsen, auch wenn man es will,
für jeden von uns gibt's 'ne kleine Portion,
der Lidschlag des Daseins heißt Generation.
Als Kind ist es einfach, das Leben bequem,
ein Tag ist unendlich, die Zeit kein Problem,
doch wird man "*erwachs'ner*", dann ist es soweit,
es geht uns wie MOMO, man stiehlt uns die Zeit.
Die Zeitdiebe rauben, das Leben verfliegt,
doch wissen nur Kinder, wie man sie besiegt,
sie leben im ` *Heute*´ , im ` *Hier*´ und im ` *Jetzt*´ ,
Erwachsene eilen, gestreßt und gehetzt,
in Jagd auf das ` *Morgen*´ , das ` *Später*´ und ` *Bald*´
von Urlaub zu Urlaub, Gehalt zu Gehalt.
Herrscht dann einmal Stillstand, was selten passiert,
schau'n sie in den Himmel und sind irritiert,
wie langsam ein Wölkchen entsteht und verraucht
und wie lang die Sonne zum Untergeh'n braucht.
Ganz langsam, beim Grübeln, wird ihnen dann klar
wie überaus dumm und wie blind man doch war.
Wenn du die Momente nicht zählst und verpaßt,
dich vielmehr mit Sinn und mit Inhalt befaßt,
dann wirst du bald merken, du hast es entdeckt,
das Rätsel das hinter der Lebenszeit steckt,
denn jedes Momentchen, das man grad' erfährt,
ist stets unvergänglich, solange es währt.

Die Zukunft von heute, sie kommt von allein
und wird für uns morgen schon Gegenwart sein,
das nächste Jahrtausend, es klopft bereits an,
doch dies seh'n wir später, ich sage "*Bis dann*"!

Die Zukunft
(Trilogie der Vernunft, Teil III)

23. Die Zukunft
(Trilogie der Vernunft, Teil III)

Ein leeres Kapitel im Buch der Geschicht'
ist unsere Zukunft, man kennt sie noch nicht,
man rätselt, man weissagt, doch keinem gelingt
die Antwort der Frage, was sie uns wohl bringt.
Seit Menschengedenken, ich weiß nicht warum,
da basteln wir an der Prognose herum,
"Es wird noch viel schlimmer", *"Bald geht es bergauf"*,
die Meinung ist schwankend beim Zukunftsverlauf.
Es ist unbestreitbar, die Welt ist zu klein
um vor ihren Sorgen verschlossen zu sein,
ob Umweltverschmutzung, ob Regenwaldschwund,
das *'Heute'* genießen ist sicher kein Grund,
dass man den Planeten, der uns nicht gehört,
im blinden Vertrauen auf *'Morgen'* zerstört.
Das *'Morgen'* von *'Gestern'* ist, wie man ja sieht,
sehr schnell unser *'Heute'*, doch garnichts geschieht,
die Zukunft fließt weiter, ein ewiger Bach,
so sauber und schmutzig wie ich ihn mir mach'.
Doch Hoffnung gibt's immer, wir machen das schon,
kein Platz für Verzweif'lung und Resignation;
vom Kater gefressen sprach Jerry, die Maus,
"Noch ist nichts verloren, der Schwanz guckt noch raus."
"Die wichtigste Regel", sprach einstmals Herr Kant
und der mußt' es wissen, ein Mann mit Verstand,
"ist das zu vermeiden, auch ohne Vertrag,
was ich nicht von ander'n bei mir haben mag".

Das ist doch der Grundsatz: "*Füg´ keinem das zu,*
wovon du nicht möchtest, dass er es dir tu´ ".
Es ist doch ganz simpel, der Müll ist nicht weg,
nur weil ich ihn drüben beim Nachbarn versteck´,
auch Armut und Hunger sind echt und tun weh,
selbst wenn ich sie abends nur bildschirmhaft seh´.
Das Fernseh´n zeigt Zukunft als "*Star Trek*" und bringt
den Wunschtraum nachhause, der uns nicht gelingt,
unendliche Weiten, Planet zu Planet,
vereinte Kulturen, die zeigen, wie´s geht,
wer kann es verleugnen und war niemals klein
und wollte der Käptn der `Enterprise´ sein ?
Der Griff zu den Sternen - egal was passiert -
hat unser´n Planeten global technisiert,
ob Marssonde, Handy, ob E-Mail-Verkehr,
die Droge von heute heißt Datentransfer.
Die Träume der Kinder sind längst virtuell,
der Wissenschaftsfortschritt schon sensationell,
Computersysteme im Cyberspace-Staat,
stets frische Tomaten per Gen-Implantat,
ein jeder von uns und ich schließ´ mich nicht aus,
hat künstlich erzeugte Produkte im Haus.
Doch Forschung und Technik, so hilfreich sie war,
birgt sicher in Zukunft auch manche Gefahr.
Fast alles ist denkbar, doch noch sind wir hier
und statt ferner Welten, da wünsche ich mir
Tomaten mit Matsch-Gen, ein klonfreies Rind,
gewachsene Blumen, ein spielendes Kind,

23 - 2

die Luft aus der Lunge der lebenden Welt,
Verstand und Gewissen, statt Reichtum und Geld.
Verantwortlich handeln, das ist worum's geht,
noch ist uns're Erde ein blauer Planet,
wir sollten sie pflegen, vernünftig und fair,
als wenn's noch sehr lange die Einzige wär.

Das nächste Kapitel im Drehbuch der Zeit
heißt ` *3. Jahrtausend* und liegt schon bereit,
ein Stückchen Geschichte auf leerem Papier,
es läßt sich beschriften, von dir und von mir.

"*Noch ist nichts verloren*", sprach Jerry, die Maus,
Gewißheit gibt's keine, - probieren wir's aus !

Der Macho-Man

24.   Der Macho-Man

Ein Mann wie ich, ein ` *Macho-Man* `,
mag Autos, Bier, ist Fußball-Fan;
ich gröl´ und protz´, ich rülps´ und sauf´
und reiß´ mit Kumpels Weiber auf.

Ein Macho-Man stolziert voll cool
im Freibad um den Swimming-Pool;
mit Tanga-Slip und Waschbrett-Bauch
find´ ich mich toll, weil ich das brauch´.

Ein Macho-Man, gesund und stark,
ernährt sich nicht von Mager-Quark;
statt Müsli, Milch und Kräuter-Tee
gibt´s fette Wurst und Schwarz-Kaffee.

Ein Macho-Man summt ` *bienchengleich* ´
durch´s honigsüße Blütenreich;
matrosenhaft bin ich - ` *Ahoi* ´ -
gleich 20 Frau´n auf einmal treu.

Ein Macho-Man liebt Stöckel-Schuh,
mag´s platin-blond und blöd dazu;
mit Mini-Rock und schlankem Bein
muß sie nur hübsch und willig sein.

Ein Macho-Man ist niemals zart,
Gefühl ist Scheiß', ein Kerl ist hart;
kein Tränchen ziert mein Angesicht,
so'n Weich-Ei-Kram, den brauch' ich nicht.

Ein Macho-Man hat echt was drauf
und schlägt sein Bier am Tischrand auf;
mit Kippe rechts und Flasche links,
merkt jede Frau sofort - ich bring's.

Ein Macho-Man braucht sowieso
nur eine Hand für's Männer-Klo;
die and're steckt, wie's sich gehört -,
im Hosenbund, wo sie nicht stört.

Ein Macho sein, ein toller Typ,
ist etwas, was ich täglich üb',
vor'm Spiegel steh'n und dann posier'n,
das ist echt geil, - mußt Du probier'n !

Dankesbrief
an einen
Anwendungsbetreuer

25. Dankesbrief an einen Anwendungsbetreuer

Seit Jahren schon, ich glaube 4,
sitz' ich an dem Computer hier
und lerne schnell, weil ich nicht dumm,
wie geh' ich mit dem Teil hier um.
Studiert hab' ich nur Polizist
und nie was ein Computer ist.
Doch Software, Hardware, Bit und Byte,
berauben mich heut' meiner Zeit,
und ich fang' Gauner vor'm Gesetz
vom Schreibtisch aus per Datennetz.
Doch was passiert, `oh grande malheur`,
wenn ich dann dieses Piepsen hör
und kriege schriftlich angezeigt
"*System deffekt*" -, ich hab's vergeigt !
Jetzt geht hier plötzlich gar nichts mehr,
nichts reagiert, der Bildschirm leer,
die ganze Arbeit, Satz für Satz,
ist abgestürzt und für die Katz.
Das war es, Schluß, mir reicht es jetzt,
hast mich einmal zuviel versetzt,
die Daten rückst du wieder raus,
sonst bau ich dir dein Intell aus.
Gesagt, getan, schon schwebt das Beil,
jetzt naht dein Ende, stures Teil.
Doch kurz vor dem verdienten Lohn
sagt plötzlich wer: "*Ich mach' das schon*".

Das ist die Rettung, welch ein Glück,
der Meister bringt mein Werk zurück.
Ob UNIX, DOS, zu jeder Zeit
steht er für alle hier bereit
und jeden Fehler, klein und groß,
er findet ihn, wie macht er's bloß ?
Auch jetzt schaut er nur ganz kurz hin
und sagt mir dass ich dusslig bin,
denn nur mein Kaffeepott, wie dumm,
steht auf der Tastatur herum
und das, sagt er, darf so nicht sein,
nimmt ihn kurz runter und, wie fein,
auf meinem Bildschirm wird es hell,
er drückt 2 Knöpfe, sichert schnell,
und alles ist wie man es liebt,
wie gut, dass es den Meister gibt.

Konsulat
des Weines

26. Konsulat des Weines

Im Weinkeller Deutschlands, bekannt als ` Die Pfalz´,
da gibt es ein Städtchen, der Himmel erhalt´s,
dort reift in den Kellern, in Fässern aus Holz,
manch´ edeles Weinchen, der Winzersleut´ Stolz.
Umgeben von Feldern voll saftiger Traub´
gebettet an Hängen, in zartgrünem Laub,
liegt jenes Sankt Martin, ein Ort mit Geschicht´,
dort gibt es ´nen Winzer, dem gilt dies Gedicht .
Der Name des Hauses ist stilvoll markant
und Freunden des Weines fast weltweit bekannt,
bei Albert V. Schneider, im Weinkonsulat,
steht stets für die Gäste ein Gläschen parat.
Beim Pröbchen im Keller nennt er sich im Scherz
selbst "der alte Schneider", ein Winzer mit Herz,
er liebt seine Trauben und ich hab´ entdeckt,
dass man diese Liebe im Weine auch schmeckt.
Geschichten vom Weingut, vom Riesling und Sekt,
Herr Schneider schafft´s immer, dass es nicht nur
schmeckt,
es ist auch noch lehrreich und Spaß macht es auch,
Genießen und Lachen, das ist Schneiders Brauch.
Der Gast ist sein Hobby, sein Wein die Passion
und kommt man nachhause, vermißt man ihn schon,
den Wein und den Winzer, doch gibt´s, Gott sei Dank,
noch ein bis zwei Flaschen von Schneiders im Schrank,
und nach 2, 3 Gläschen fährt´s mir durch den Sinn:
Der Wein ist bald alle, ich muß wieder hin !!

Dichter, Clown,
Verbal-Athlet

27.   Dichter, Clown, Verbal-Athlet

Humor und Romantik, geschnürt zum Paket;
"*Geflügelte Worte*", die keiner versteht;
das Reimen und Dichten, ich zeig´ Euch wie´s geht,
- ich liebe das Wort-Spiel, d´rum bin ich Poet.

Geschichten des Lebens, nur etwas verdreht;
bescheuerte Verse, stets endend auf "..*eht*";
bin Clown und auch Dichter, verbaler Athlet,
und schreibe aus Freude, wann immer es geht.

Viel Spaß mit dem Büchlein und dem was dort steht,
versucht es doch auch mal, schreibt nur, was Ihr seht;
selbst Mitchell schrieb´ nicht gleich "*Vom Winde verweht*"
und jeder kennt Storys, vom Leben gedreht.

Die Sprache ist blumig, das Herz ist ihr Beet,
ihr Duft eine Freude, die niemals vergeht.

Eine wirklich
„Windige Angelegenheit"

28. Eine wirklich „*Windige Angelegenheit*"

Jedes Böhnchen gibt ein Tönchen,
jede Erbse einen Knall,
kombiniert mit Kohl und Wirsing
gibt´s `nen Pups mit Überschall.
So ein Lüftchen stinkt zum Himmel,
- manchem wird dabei ganz schlecht -,
in geschloss´nen kleinen Räumen
mieft es "*teuflisch grausam*" - echt!
So ein Darmwind ist die Hölle,
- es beginnt mit leichtem Zieh´n -,
dann wird´s stärker bis zum Blähbauch
und dann hilft nur Eines - Flieh´n!
Schon als Baby trägt man Pampers
und die sind auch meistens feucht,
jeder Knall wird gleich bejubelt
wenn die „*Luft*" samt „*Land*" entfleucht.
So ein Drang ist schlicht „*natürlich*"
denn bei Feuer gibt´s auch Rauch,
und der Leibesdruck im Kessel,
der muß weg, sonst platzt der Bauch.
Jedem Mensch kann dies passieren,
- doch so mancher tut´s fast gern -,
heißt´s bei Kindern niedlich "*pupsen*",
wird´s zum derben "*Furz*" beim Herrn.
Dies zeugt nicht von feiner Herkunft,
mehr von innerem Verfall,

selbst die Fliegen sind der Meinung:
"*Is´ `ne Luft wie´n Schweine-Stall!*"
Medizinisch ist man einig:
"*Schlechte Gase müssen raus*"
und das kleine "*stille Örtchen*"
ist der schönste Platz im Haus.
Apropos, beim Wörtchen "*Stille*"
fällt mir grade noch was ein;
- noch viel schlimmer als die lauten
soll´n die leisen Püpse sein !

Historische Schlachten

29. Historische Schlachten

Seit Anbeginn der ersten Schlacht
trotzt edles Weiß dem Schwarz der Nacht,
im steten Kampf, tagaus, tagein,
trifft Finsternis auf Sonnenschein.
2 Heere steh´n beim UrAlt-Streit
in Reih´ und Glied zum Kampf bereit,
die Rüstung strahlt beim Heer des Lichts,
im Schatten-Heer da leuchtet nichts.
Von Angesicht zu Angesicht
postiert man sich, doch mehr noch nicht,
man pflegt als Teil des Imponier´ns
die Tradition des Aufmarschier´ns.
Das Fußvolk vorn wirkt bäuerlich,
dahinter wird´s mehr königlich;
geschützt und stolz in zweiter Reih´
wohnt beiderseits der Adel bei.
Umflankt von Ross und Infantrie
zwingt man im Geist den Feind ins Knie;
vor eig´ner Burg, - mit Turm zur Wacht -,
wird´s totenstill zum Start der Schlacht.
Dann ist´s soweit, der Kampf beginnt
- kein Mensch erahnt, wer heut´ gewinnt -;
den ersten Schritt, - als Mann der Tat -,
macht, - ganz in Weiß -, ein Fußsoldat.
Von Turm zu Turm, von Mann zu Mann
erklingt der Ruf: " *Wir greifen an* ";

im leuchtend hellen Kampf-Gewand
geht´s Schritt für Schritt in Feindes-Land.
Fast Aug´ in Aug´, - viel fehlt nicht mehr -,
steht vis-a-vis das Schatten-Heer,
der König dort schickt voller Stolz
die Reiter-Schar aus Ebenholz.
In freiem Feld schlägt kurz darauf
vom Pferd gerammt ein Weiß-Hemd auf,
ein Satz nach vorn, dann 2 zur Seit´,
- dies Rösslein springt, doch nicht mehr weit.
Ein Rittersmann in schnellem Lauf
erwischt den Gaul, samt Reiter drauf,
der Held in Weiß mit langem Schritt
beendet Kampf und Weiter-Ritt.
Der schwarze Fürst steht wie gebannt
und hilflos stumm am Schlachtfeldrand,
dagegen zieht´s die Königin
mit aller Macht zum Kampfe hin.
Das Zart-Geschlecht mit Männerkraft
wirkt alles, nur nicht damenhaft,
durch Freund und Feind, quer über´s Feld,
trifft sie ihr Ziel und - Tschüss, du Held !
Im Lauf der Schlacht, die Stunden währt,
wird manch´ Duell mit List geklärt,
so mancher fällt, - das wird hier klar -,
weil´s taktisch schlicht "*notwendig*" war.
Der Kampf wogt hin, auch manchmal her,
der Preis ist hoch, man zählt nicht mehr;

am Schluß fällt auch, - durch kühnen Streich -,
die schwarze Queen vom Schatten-Reich.
Gelockt bis hin zum Schlachtfeldrand
drang sie zu tief in Feindesland;
ein Turm im Weg, kein Rückzug mehr,
- man streckt sie hin, trotz Gegenwehr.
Das war, - ich denk´ -, für diesen Tag
ganz sicher der Entscheidungs-Schlag,
ihr Fall wirkt schwer und kippt die Schlacht,
- nur wenig bleibt vom Heer der Nacht.
Die schwarze Burg bricht Stück für Stück,
der König sieht´s und weicht zurück,
ein letzter Schlag vom weißen Heer,
- der König stürzt, er kann nicht mehr.
Entblößt, allein und ziemlich matt,
ist klar, dass Schwarz verloren hat,
beim Schach siegt stets, - so zeigt es sich -,
ein heller Kopf - und diesmal ich !

Ein Tag im Sommerschlußverkauf

30.   Ein Tag im Sommerschlußverkauf

In jedem Jahr steigt hier ein Fest,
das mich begierig fiebern läßt.
Nicht Karneval, nicht Kegeltour,
ich bin ein Mann, für mich zählt nur
Gefahr und Kampf, nicht was ich sauf´,
ich steh´ auf Sommerschlußverkauf.
Trainiert hab´ ich das ganze Jahr,
bei ALDI, LIDL und auch SPAR,
und ist es dann so richtig voll,
werd´ ich zum wahren Einkaufs-Proll.
Für mich als Nahkampf-Spezialist
ist jeder, der im Wege ist,
ein potentieller Konkurrent
und damit Beute, welche rennt,
denn hier im Warendschungel gilt:
"*Es überlebt nur der, der killt.*"
Ein Einkaufskarren kann gemein
und gut geführt auch Waffe sein
und ich bin im Regal-Parcour
ein Fahrtalent wie einst Ben Hur.
Dem Sieger winkt für Schmerz und Qual
am Wühltisch dann die freie Wahl.
Doch all das Training und die Kraft
dient einzig nur der Meisterschaft,
der härtesten auf dieser Welt
im Zentrum von Konsum und Geld,

dem ersten Tag vom SVK
bei Karstadt, Kaufhof, C & A.
Am Morgen fertig von der Nacht,
die man meist schlaflos zugebracht,
ist´s dann soweit, der Tag bricht an;
ein Tag, an dem ich zeigen kann,
ich bin ein Kerl, ich hab was drauf,
als `Iron Man´ vom Schlußverkauf.
Der Wecker schellt, das wurd´ auch Zeit,
halb sieben durch, ich bin bereit,
zur Dusche rein, ein kalter Strahl,
ich bin knallhart, ein ` *Mann aus Stahl* ´.
Zum Frühstück gibt es Speck mit Ei,
5 Brötchen, Wurst, Kaffee dabei,
zum Abschluß dann, weil´s besser schmeckt,
ein Gläschen von dem trock´nem Sekt.
Nach 2, 3 Gläschen bin ich drauf,
bereit zum Sommerschlußverkauf,
ein Sonnentag zum Herz erfreu´n,
die S-Bahn ruft, es ist halb Neun.
Am Bahnhof drängt, ein jeder kennt´s,
die Schnäppchenjägerkonkurrenz,
der Platz zu klein, der Andrang groß,
der Zug fährt ein, der Kampf geht los.
Genau vor mir, das nenn´ ich Schwein,
hält eine Tür, ich steig´ schnell ein
und schaff´s grad´ noch vor Oma Schmitz
zum letzten freien Fenstersitz.

Die Oma tobt, ich zeig' Geduld,
sie ist doch schließlich selber schuld
wenn sie noch vor Geschäfteschluß
zu ihrem Kardiologen muß.
Und siehe da, es ist passiert,
sie hyper.., wie heißt's, ..ventiliert,
der Kopf ist rot, die Oma schwankt,
doch grade jetzt, ihm sei's gedankt,
gibt Schaffner Karl dem Kessel Dampf
und löst damit den Atemkrampf.
` Uns Omma Schmitz' macht einen Satz
zum übernächsten Fensterplatz,
dort landet sie, Gesäß voran,
auf einem wirklichen fetten Mann,
ein Faß als Bauch, total verschwitzt,
doch Oma stört's nicht, denn sie sitzt.
Die Luft im Wagen, dünn und heiß,
ist leicht gewürzt mit Knoblauch-Schweiß,
denn nicht nur unser Airbag-Bauch
tropft vor sich hin, nein, and're auch.
Na ja, was soll's, das ist halt wie
bei Nero, anno domini,
bei Brot und Spielen wünscht das Volk
den Löwen unten ` Viel Erfolg' ,
dort gab's vor'm Kampf - Mensch gegen Tier -
bestimmt so'n Lüftchen, wie jetzt hier.
Noch 3 Stationen, jetzt wird's eng,
ich muß zur Türe - Knubbel -, - Dräng' -,

30 - 3

auch Rambos Oma hält sich gut;
sie schlägt wie wild mit Stock und Hut
auf jeden ein, der vor ihr steht
und nicht sofort zur Seite geht.
In ihrem Schatten rollt und zwängt
sich unser ` *Fäßchen'* unbedrängt
mit knapp 3 Zentnern Kampfgewicht
bis hinter Oma, weiter nicht.
An dieser Tür gibt´s kein Vorbei,
das Gleiche gilt für Türe 2,
denn dort formiert sich, ganz gekonnt,
soeben eine Kopftuchfront,
6 Türkinnen, die - seh´ ich blind -,
in Sachen ` *Schnäppchen'* Profis sind.
Das sind die Stars, osmanisch wild,
die es heut´ erst zu schlagen gilt,
ein Spitzen-Team mit Temp´rament,
das weder Scham noch Skrupel kennt.
Doch g´rade deshalb wird der Tag
so anspruchsvoll, wie ich ihn mag,
die Konkurrenz vom Morgenland
macht´s gnadenlos, doch int´ressant.
Doch ich wär heut´ nicht, was ich bin,
nähm ich die alten Tricks so hin,
ich bin ein Fuchs und find´ ein Loch
und siehe da, es gibt ja noch
die 3. Türe, auf der steht:
"*Deffekt! Nicht öffnen!*", doch es geht

wenn man nur fest genug dran zieht
und schnell genug vor'm Schaffner flieht.
Gesagt, getan, der Zug hält an,
ich nehm den Griff und ziehe dran,
die Tür geht auf, doch etwas bricht,
dass es sooo schlimm war, wußt ich nicht.
Leicht schief und krumm hängt jetzt die Tür,
die Angel brach, kann nichts dafür,
ein fester Tritt, ein kurzer Deu'
und schon sieht alles aus wie neu.
Ich schau gelassen, dreh' mich um,
da fällt mein Provisorium
mit lautem Knall auf Bahnsteig 4,
den Rest der Flucht, den schenk' ich mir.
Schon 10 nach Neun, die Zeit wird knapp,
doch kein Problem, im schnellen Trab
schaff' ich den Weg zur Innenstadt
bis kurz vor halb, doch leider hat
die Straßenbahn mit Oma Schmitz
mich überholt und wie der Blitz
hat sie's, trotz ihrer 90 Jahr',
geschafft, dass sie die 1. war.
Das große neue Karstadt-Haus
sieht irgendwie wie Troja aus,
belagert und komplett umstellt,
doch nirgendwo ein Griechen-Held,
statt dessen steht 'ne Kampfeinheit
aus Anatolien sturmbereit.

30 - 5

Doch mittendrin steht wie ein Baum
Freund ` *Fäßchen'* und bewegt sich kaum,
mit knapp 300 Pfund Gewicht
schwankt diese Eiche sicher nicht.
Ganz vorn´ entbrennt durch Omas Schuld
ein türkisch-deutscher Volks-Tumult,
denn Oma Schmitz hält mit viel Krach
die Auslandskonkurrenz in Schach
und hat schon ca. 7, 8,
mit ihrem Stock bekannt gemacht.
Jetzt sind nur noch Sekunden Zeit
und ich nutz´ die Gelegenheit,
ich dräng´ mich durch, ruf: "*POLIZEI!*
Ich muß nach vorn, laßt mich vorbei."
Wie Moses einst das Rote Meer
teil ich vor mir das Einkaufsheer,
die Menge ist getäuscht und giert
nach allem, was jetzt vorn´ passiert.
So hätt´ ich´s ohne rohe Kraft
bis ganz nach vorn zur Tür geschafft,
doch leider geht in dem Moment
die Türe auf und alles rennt;
ein Menschenmeer im Trampelschritt
kommt über mich und reißt mich mit.
Wie auf Hawaii, im Brandungsritt,
schwimm ich auf dieser Welle mit,
ein Surftalent, bloß ohne Brett,
doch plötzlich trifft mich, gar nicht nett,

ein Ellenbogen, grad´ von vorn´,
die Folge ist ein Riesenhorn;
wie´s weiter geht, ich weiß es nicht,
ein zweiter Stoß löscht jedes Licht.
Gewaltsam auf den Strand gespült
weiß jeder doch wie man sich fühlt,
wie Treibholz, das auf´s Ufer kracht,
genauso bin ich aufgewacht.
Mein Schädel brummt, das Horn tut weh
und das, was ich als erstes seh´,
sind Füße, vor und neben mir
und irgendwie ist´s dunkel hier.
Ich raff mich auf, doch was ist los,
ich schein´ für dieses Haus zu groß,
die Decke hängt bei knapp Eins-Zehn,
nicht allzu hoch zum Aufrecht geh´n.
Oh Mann, oh Mann, was für ein Trip,
jetzt fliegt auch noch ein Damen-Slip
vom Himmel hoch, grad´ vor mich hin
und plötzlich weiß ich, wo ich bin,
ich hock´ hier wie ein Hasenfuß
gleich unter´m Wühltisch für Dessous.
Nach oben geht´s nicht, also vor,
ich seh´ mich um, erspäh´ ein Tor,
2 Beine, krumm und leicht gespreizt,
was irgendwie als Ausgang reizt.
Das ist die Chance, ich krabbel los,
doch mittendrin, mein Schreck ist groß,

schließt sich die Lücke, ich sitz fest,
ein armes Würstchen, frisch gepreßt.
Das Ganze war wohl nicht sehr klug
und so, als wär's nicht schlimm genug,
kreischt jetzt auch noch, ganz unbedrängt,
die Frau, die an den Beinen hängt.
Ich steh' schnell auf, eh' man mich lyncht,
doch scheint auch dieses nicht erwünscht,
denn auf mir hockt, im Reitersitz,
den Stock wild schwingend, Oma Schmitz.
Kein Mensch wird glauben, was geschah
und ich steh' jetzt als Lüstling da,
ich glaube schon, dass man versteht,
dass Flucht hier vor Erklärung geht.
Das Pferd wirft sich in schnellen Trab
und schmeißt dabei den Reiter ab,
doch landet Oma, mit Verlaub,
nicht wie ein Cowgirl hart im Staub,
ein Meer von Wäsche bremst den Fall,
BH's und Höschen, überall.
Die Jagd eröffnet, Hase flieh',
durch's Erdgeschoß klingt's "*Halali*",
die Frauenmeute rast dahin,
nur dumm, dass ich der Hase bin.
Nach 3 Etagen wilder Hatz
find' ich den einzig sich'ren Platz,
denn keine Frau darf, bin ich froh,
im Treppenhaus auf's Herren-Klo.

Die Jäger hab' ich abgehängt
und jetzt merk' ich, die Blase drängt,
doch sollte man, fällt mir noch ein,
im Bade nie zu eilig sein,
nur allzu leicht kommt man zu Fall,
als ich auch schon auf's Steißbein knall'.
Vom Schwung getragen sause ich
bis vorn' zur Schüssel, weiter nich',
dort steht bereits ein alter Mann
und schaut mich ernst von oben an.
Ich grüß' ihn höflich: "*Guten Tag*"
und überleg', was ich jetzt sag'.
Mir fällt nur ein: "*Ich glaub', mein Hemd
hat sich im Reißverschluß verklemmt*".
Er schüttelt nur den Kopf und spricht:
"*Zu meinen Zeiten gab's das nicht.
Das kommt davon, wenn man mich fragt,
weil ihr so enge Hosen tragt*".
Ich nicke kurz und eile dann
aufs stille Örtchen für den Mann,
ein Ritsch, ein Ratsch, ein kühner Sprung,
noch grad' geschafft, Erleichterung!
Von einem Riesendruck befreit
bin ich jetzt endlich startbereit,
ein schneller Blick nach draussen zeigt,
der Gang ist frei, die Meute schweigt.
Durch die Abteilung "*Spiel und Sport*"
schleich ich zurück zum Einkaufsort,

die Luft scheint rein, kein Jäger droht,
jetzt stürz ich mich auf´s Angebot.
Ein Stockwerk tiefer seh´ ich schon
die neuste Camel-Kollektion,
gerippte T-Shirts mit Emblem
und Kroko-Stiefel, saubequem.
Den stilbewußten Outdoor-Mann
reizt gleich am Ständer nebenan
die Freizeitjacke, sandig hell,
allwetterfest und funktionell,
zur Krönung lockt, als Preis-Bonbon,
ein Nappaleder-Wildblouson.
Das nenn´ ich Schnäppchen, so ein Glück,
ein wirklich edles Einzelstück,
jetzt nur nicht rennen, das fällt auf,
dann stürzen sich gleich alle drauf.
Ich schlender also ohne Hast,
zur Rolltreppe und bin schon fast
an meinem Ziel, zum Greifen nah´,
als ich das rote Kopftuch sah.
So wie ein Haifisch, kommt´s mir vor,
steigt es dort aus dem Meer empor,
im Schutz der Ständer gut versteckt
hat dieser Jäger Blut geleckt.
Dann plötzlich sind sie überall,
wie Habichte im Hühnerstall,
der Angriff dauert nicht sehr lang
und dort wo meine Jacke hang,

schwingt nur der Bügel hin und her,
als Grätenrest im Kleidermeer.
Das gibt´s doch nich´, hab´ ich ein Pech,
2 Stürze, Beule, Jacke wech,
jetzt heißt es aber: "*Aufgepaßt
und nächstes Mal gleich zugefaßt.*"
Ein Blick in die Abteilung zeigt,
dass es sich hier zum Ende neigt,
die ganze Ware, frisch erneppt,
wird tütenweise weggeschleppt.
Warum das g´rade mir passiert,
ich bin zu lahm und deprimiert,
was mir jetzt fehlt ist etwas Schwung
und höllische Beschleunigung.
Halt, Stop ! Das ist es ! Wunderbar !
Ich muß dahin, wo ich grad´ war.
Die Treppe hoch, da stehen sie,
Ferrari-Rot und schnell wie nie,
die Neu´sten aus United States,
die "*MasterBlaster Inline-Skates*".
Das Angebot ist wirklich stark,
herabgesetzt um 100 Mark,
mit Kugellagern aus Titan
und High-Tech-Rollen, voll der Wahn,
getestet sind sie, stellt Euch vor,
im NASA-Spacelab-Raumlabor.
Ein letztes Paar steht, bitte nicht,
auf dem Podest im Neonlicht

und lockt von dort im 2-Schicht-Glanz
wie Salome beim Schleiertanz.
Ich muß sie haben, ganz egal
was es mich kostet, dieses Mal
gibt´s keinen, der mich hindern kann,
zur Seite, hier kommt "*Schnäppchen-Mann*".
4 Schritte noch, dann sind sie mein,
da plötzlich seh´ ich, kann nicht sein,
die Hand, die sich schon griffbereit
aus schattenhafter Dunkelheit,
von einer Säule fast verdeckt,
wie gierig nach dem Lichte reckt.
Was mich jetzt packt, ist der Instinkt
des Tigers, dem die Beute winkt,
mit einem Satz, quer über´n Tisch,
stürz ich mich auf sie und erwisch´,
zwar ziemlich knapp, doch früh genug,
die "*Fire-Wheels*" im freien Flug.
Dem Siegersprung vom `*Dschungelboss*´
folgt Landung, Marke `*Albatros*´.
Gebremst wird erst mit Brust und Bauch
und schließlich mit der Nase auch,
dann ist´s geschafft, zwar etwas krumm
doch voller Stolz schau ich mich um.
Als wollt´ er sagen: "*Gut gemacht*",
steht da mein Konkurrent und lacht,
als fairer Sportsmann, wie ich fand,
reicht er mir die gestreckte Hand,

ich greife zu, er fällt ins Licht,
wobei ihm noch der Arm abbricht.
Ein Plastikkerl, das darf nicht sein,
und ich fall auch noch darauf rein,
mit rotem Kopf schau ich mich um,
doch keine Lacher, alles stumm,
der Kaufhaus-Clown bleibt unbekannt
und ebenso mein Wühltisch-Stunt.
Mein Gegner liegt, wie´s sich gehört
vor mir am Boden, leicht zerstört,
ich helf ihm hoch, er steht allein,
und allzu schlimm kann es nicht sein,
trotz Armverlust und Riesenloch
grinst unser Dressman immer noch.
Ich grinse auch, denn in der Hand
hab´ ich die schnellsten Skates im Land,
die Schuhe aus, die Inlines an,
ein kurzer Schwung, oh Mann, oh Mann,
viel schneller ist auch Schumi nich´,
nur ein Problem, wie bremse ich ?
Das dämliche Parkett verleiht
mir traumhafte Geschwindigkeit
und eben denk´ ich, leicht besorgt,
ob mir wohl wer ´nen Anker borgt,
da kommt es schon, wie jeder ahnt,
ein wenig anders, als geplant.
Ich komm´ grad´ so in Runde 3
an der Abteilung `GOLF´ vorbei,

30 - 13

da seh' ich dort, das ist kein Witz,
in Abschlaghaltung, Oma Schmitz.
Ein ` *Eisen 7* in der Hand
schwingt sie in leicht gespreiztem Stand
und wartet dort, wie unbequem,
dass ich den Weg zum Abschlag nehm'.
Gleich ist's vorbei, ich seh' mich schon
als Bernhard Langers Schutzpatron,
ein kleiner Engel, der anstatt
2 Flügelchen, 8 Rollen hat.
Ein Bruchteil von Sekunden nur
trennt mich von einer Kahlrasur,
als ich mich kleinmach' und, oh Schreck,
die Bremse von dem Teil entdeck.
Ein kleiner Klotz, am rechten Schuh,
schleift über'n Boden und im Nu
schlag ich, es könnt' nicht knapper sein,
'ne scharfe rechte Kurve ein.
Ein leichter Zug am Nackenhaar
zeigt mir, wie eng es wirklich war,
dem Bremsenbauer sei's gedankt,
der Schlag ging fehl, die Oma schwankt,
doch gleich trifft mich für diesen Tag
ein allerletzter Schicksalschlag.
Mein Weg führt mich, ganz ungewollt,
zur Treppe die nach unten rollt,
kein Rechts, kein Links, nur G'radeaus;
die Augen zu, gleich ist es aus.

Wer Inline-Profis kennt, erfährt,
dass man die Stufen rückwärts fährt,
dies wußt´ ich damals nicht und sprang
die ersten 10 im Vorwärtsgang;
die Mittelstufen kamen dann
mal vorwärts und mal rückwärts dran,
die letzten nahm ich dann - Klopf, Klopf -,
ganz lässig auf dem Hinterkopf.
Bevor ich nach gekonntem Flug
ganz unten auf die Fliesen schlug,
seh´ ich als letztes Bild vor mir
das runde `Faß´ aus Fleisch und Bier,
von meinem Schwung zu Fall gebracht
begräbt es mich und `Gute Nacht´.
Jetzt lieg´ ich hier im Hospital
als eingegipster Mann aus Stahl,
im Streckverband, gleich nebenan,
mein guter Freund, der dicke Mann.
In gut 2 Wochen komm ich raus,
dann heißt es endlich "Ab nachhaus",
dort fängt das Spiel von vorne an
und ich zeig´ allen, was ich kann,
ein wahrer Profi gibt nicht auf,
"Bis bald", beim Winterschlußverkauf !!!

"Und hier die Verkehrsmeldung. Stau von ..."

31. "Und hier die Verkehrsmeldung. Stau von ..."

In jedem Jahr zur gleichen Zeit
steh´n Koffer und Gepäck bereit,
der Hausstand füllt, - man glaubt es kaum -,
das letzte Eckchen Kofferraum,
- auch Klein-Familie Meckermann
verschnürt und stopft so gut sie kann.
Man fiebert nun seit Wochen schon
nach Sonne, Strand und Vollpension,
das Auto platzt, der Schrank ist leer,
"mer fahre´ jetz´ ans Mittelmeer".
Der Nachwuchs schläft, nur Waldi kläfft,
- noch schnell zum Baum, ein Blitzgeschäft -,
ein letzter Blick, - sind alle da ? -,
und ab geht´s nach Italia.
Grad´ heute ist, - wie´s jeder mag -,
ein richtig heißer Sommer-Tag,
der Himmel strahlt, die Sonne lacht
mit 20 Grad um kurz vor 8.
Familien-Chef Jupp Meckermann
grinst seine Frau, die Klara an:
"Jetz´ halt dich fest, jetz´ jeht et ab",
ein Tritt auf´s Gas - die Wirkung schlapp.
Der Kombi liegt, - nur etwas schief -,
gewichtsbedingt ferrari-tief,
der Auspuff röhrt, der Motor stöhnt,
doch Jupp bleibt cool, er ist´s gewöhnt.

31 -1

Seit Jahren schon ist unser Jupp
der Kassenwart im Opel-Club,
als Schumi-Fan träumt er schon lang
vom Formel-1-Motorenklang.
Im nächsten Jahr, - das steht schon fest -,
geht´s mit dem Club zum "*Heizer-Fest*",
Benzin und Bier am Nürburgring,
- wie sagt der Jupp: "*Datt is´ mein Ding*".
Doch vorher kommt, - grad´ frisch bestellt -,
aus Rüsselsheim für sehr viel Geld
das neue Opel-Sport-Coupé,
der ` *Blitztra Turbo BSE* .
PS mit Stil und sehr viel Kraft,
10 Jahre spar´n, - jetzt ist´s geschafft -,
metallic-rot und breit bereift
liegt der so tief, dass er schon schleift.
Doch dieses Jahr, - ein letztes Mal -,
heißt´s Kombi fahr´n vom Typ ` *Frontal* ,
der Lack ist stumpf, die Achse krumm,
der Tachostand schon zweimal rum.
Mit sehr viel Öl und noch mehr Glück
will Jupp nach Rom und auch zurück,
in Hitze, Schweiß und Sonnenbrand
brät Opel durch Ferrari-Land.
Die Ankunftszeit der Mammut-Tour
liegt morgen früh bei knapp 8 Uhr,
dazwischen liegt, - laut Routen-Plan -,
ein kurzes Stückchen Autobahn.

Als platin-blonder Co-Pilot
reicht Klara Jupp Kaffee und Brot;
frisiert, gestylt, - kein Stückchen dumm -,
spielt sie mit Brot und Falt-Plan rum.
" *Wo simmer denn*" flucht Klara laut
wobei sie schmatzend ` *Wrigleys*´ kaut,
"*da steht ja nich´ ma´, - so´n Beschiß -,
wo lang et nach Italien is´* ."
Die Lotsen-Maus vom Vordersitz
ist lebender Blondinen-Witz,
sie kaut und flucht, sie knickt und dreht
und fragt sich selbst " *Wie datt wohl jeht* ?".
Nach 10 Minuten Karten-Krampf
geht Jupp "*auf Bahn*" und gibt "*gut Dampf*"
die Drehzahl steigt, doch leider auch
der 15 Liter Sprit-Verbrauch.
Ein alter "*Deutsche-Welle-Hit*"
dröhnt aus der Box und Jupp singt mit,
der Markus gibt im Radio "*Gas*"
und hat mit Enten "*viel, viel Spaß*".
So geht´s mit Schwung und ` *Trallala*´
in Richtung gen Italia,
der Fahrer grölt, der Hund schlägt an,
- so schön ist´s nur mit Meckermann.
Doch plötzlich, - da -, ein rotes Licht,
ein zweites, drittes, - gibt´s doch nicht -,
auch Jupp bremst ab, denn vor ihm steht
ein Riesen-Stau wo nichts mehr geht.

Das Radio piepst, Verkehrsfunk ein,
- der Jupp wird blass und denkt "*Oh Nein*" -,
ein Sprecher sagt: "*Es ist halb 9,
wer heut´ verreist, der darf sich freu´n.
In Richtung Süden, alles dicht,
- genaue Zahlen gibt´s noch nicht -,
in 40 Staus, vielleicht auch mehr,
herrscht bis nach München Schleichverkehr*".
Beherrscht und ruhig, - so gut er kann -,
kaut unser Jupp das Lenkrad an,
als Klara fragt: "*Is´ datt noch weit?*"
kommt´s beinah´ zum Familien-Streit.
Vom großen Lärm, den Papa macht,
ist auch Klein-Hansi aufgewacht,
sein Beitrag zu dem Wortgefecht
heißt: "*Mami, Papi, mir ist schlecht!*"
Das Kind ist gelb mit grünem Ton
und schlimmer noch, - es würgt auch schon -,
der Jupp springt raus, doch schafft er´s nicht,
ein letztes "*Hups*" und Hansi bricht.
Ein Eimer steht, - aus Prävention -,
gleich hinter´m Sitz, - das kennt man schon -,
und Hansi trifft mit viel, viel Schwein,
vom Kindersitz noch mitten rein.
Mit heldenhaftem Vaterherz
entleert der Jupp den kleinen Scherz,
der Junior hängt, - gut festgezurrt -,
erschlafft und müd´ im Drei-Punkt-Gurt.

Auch Waldi fand mit viel Gespür
die offensteh´nde Autotür,
mit Dackelbeinchen, - kurz und krumm -,
springt Waldilein ums Auto rum.
"Mensch Klara, eij, kuck dich datt an"
motzt leicht erbost Jupp Meckermann,
"jetz´ steich ma uss un´ fang datt Viech,
bevor ich hier `nen Anfall kriech".
Mit Bauch-frei-Top und hohen Schuh´n
- man muß ja was fürs Outfit tun -
hetzt Klara brav dem Dackel nach
bis ihr dabei ein Absatz brach.
Ein spitzer Schrei, der Dackel bellt,
ein kurzes `*Platsch´* und Klärchen fällt,
doch nichts passiert, sie endet nur
als Porsche-Galionsfigur.
Ein Kühlergrill bremst Fall und Lauf
und sie liegt quer, - gleich vorne drauf -,
ihr Top verrutscht, die Sicht ist frei,
der Fahrer hupt und grinst dabei.
Als wohlbesorgter Ehemann
kommt - eimerschwingend - Jupp schon an,
- als Ritter mit Verfolgungswahn
stürmt `*Don Quichotte´* die Autobahn.
Der Fahrer sieht´s und hört ihn schrei´n
und schließt sich schnell im Porsche ein,
noch grad´ zurecht, denn rot vor Zorn
bläst `*Ritter Jupp´* ins Angriffshorn.

Nach 2 Minuten Schlagabtausch
verfliegt bei Jupp der Killer-Rausch,
vom Blech-Duell nach Ritter-Brauch
ist Eimer hin und Porsche auch.
Den Dackel links, die Dame rechts,
ist Jupp der Held des Zart-Geschlechts,
"*Oh Männe, hasse juut jemacht,
schön feste druff, datt war 'ne Pracht*".
Der Jupp ist stolz, ihm schwillt die Brust,
er is'n Kerl, er hat's gewußt,
- `*Sir Lancelot*` Jupp Meckermann,
der Ritter, der ein Herz gewann.
Zurück beim Pferd, dem Gaul aus Stahl,
ruft Klara dann: "*Eij, kuck doch mal*!"
der Kombi steht, wo er grad' stand,
nur Hansi fehlt - Ziel unbekannt.
Doch plötzlich, da, - der Schreck ist groß -,
sieht Jupp sein Kind und spurtet los,
- Klein-Hansi macht 'ne Pampers-Tour
auf vielbefahr'ner Gegen-Spur.
Ein Engel hat's, - wie's mir hier scheint -,
mit Hansi ziemlich gut gemeint,
mit `*Hundert*` drauf und noch viel mehr
saust rechts und links der Bahnverkehr.
Mit kühnem Sprung und Riesensatz
rast Jupp heran und packt den Fratz,
so endet Hansis Fluchtversuch
mit Teddybär und Schmusetuch.

"*Mir reicht et jetz'* " flucht Vater Jupp,
setzt Hansi ab und spricht: "*Pass upp.*
Mer fahre jetz' zurück nach Huss,
da pack mer brav de Koffer uss
un' dann, meen Schatz, dann sollsse sehn,
erholn mer uns, wär datt nich scheen?"
Die Klara nickt, der Waldi bellt,
was Hansi denkt, sei hingestellt,
ins Auto rein, die Abfahrt raus
und kurz nach 10 ist man zuhaus.
Am Abend dann, - die Luft ist rot -,
lockt, - ofenfrisch -, der Duft von Brot,
Musik erklingt bei Kerzenschein,
der Jupp trinkt Bier, die Klara Wein;
statt Pizza in Italia
gibt's Bauchspeck auf Balkonia.
"*Keen Stau, keen Stress*", seufzt Klara schwer,
"*doch leeder auch keen Mittelmeer.*
Datt nächse Mal, da fahr mer dann
doch lieber gleech mit NECKERMANN."

Ein fröhliches
Sylvester

32. Ein fröhliches Sylvester

Am End' des Jahres ist es Brauch,
nicht nur bei uns, woanders auch,
zu feiern die Sylvesternacht
mit Knallern und Raketenpracht.
In jedem Land, ob nah, ob fern,
sitzt man zusammen, lacht sehr gern,
es gibt zu Essen, meist zu viel,
und Alkohol ist auch im Spiel.
Doch stets um 00.00 Uhr, ganz genau,
gibt jeder dann, ob Mann, ob Frau,
dem liebsten Menschen einen Kuß,
wünscht allen einen Neujahrsgruß,
und dann erstrahlt am Himmelszelt
die Pyrotechnik-Zauberwelt.
Mit gold'nem Schweif und strahlend bunt
erscheint ein Stern auf schwarzem Grund
steigt hoch hinauf, dort wartet schon
ein Sternenmeer in Formation.
Und plötzlich, an der höchsten Stell'
verweilt der Stern und blendend hell
wird er zum Bild aus Licht gesprüht,
bevor er dann im Fall verglüht.
Die Menschen staunen, jubeln froh,
ein jedem Knall folgt "*Aaah*" und "*Oooh*",
ein Freudenfest, wo alles paßt,
fast überall, doch halt nur fast.

In jedem Städtchen, irgendwo,
gibt´s Wohngebiete mit Niveau,
wo Leute wohnen mit viel Geld,
man nennt sie d´rum auch Leut´ von Welt.
Dies Völkchen bleibt gern unter sich,
man ißt auch nicht, man "*geht zu Tisch*",
man schwatzt nicht rum, man "*konversiert*",
und schämt man sich, heißt es "*geniert*".
Für Mitglieder der "*Upper Class*"
sind Knallbonbons und Tütenfrass,
genau wie Pizza von der Hand,
ein Zeichen von geringem Stand.
Statt dessen richtet in Livré
ein Butler das Neujahrsdinér,
dazu reicht James, so heißt der Mann,
den eisgekühlten Schampus an.
Zur Krönung lädt man voller List,
und weil man halt ein Schleimer ist,
nicht Freunde und Verwandte ein,
es muß der Chef nebst Gattin sein.
Auch Karl-Heinz Schulze, Prokurist,
weiß immer, was von Vorteil ist,
doch leider kommt´s, was er nicht ahnt,
ganz anders, als von ihm geplant.
Ganz pünktlich steh´n zur Abendstund´
Karl-Heinz und Gattin Kunigund
im Smoking und im Abendkleid
zum höfischen Empfang bereit.

Da läutet´s schon am Türportal,
ein erstes, dann ein zweites Mal,
Herr Schulze springt, Frau Schulze schreit,
denn Kalles Absatz hängt im Kleid.
Ein Ritsch, ein Ratsch und siehe da
steht Kunigund im Freien da,
der schöne Rock folgt - zweigeteilt -
dem Gatten der zur Türe eilt.
Noch unbemerkt vom Ehemann
wirft die Entblößte sich sodann
die Schande ahnend, welche droht,
dem Rocke nach und in der Not
greift sie nach vorn, erwischt dabei
ein Stückchen Stoff, dies reißt entzwei,
und noch im Fall wird ihr gewahr,
dass es des Gatten Hose war.
An jener Stell´, wo man drauf sitzt,
klafft groß ein Loch und daraus blitzt
in megaweiß, mit feinem Ripp,
der Marke "*Schießer*" Herren-Slip.
Auf dem Parkett umklammert fest
die Gattin Rock und Hosenrest,
da klingelt´s schon zum dritten Mal,
jetzt fordernder, am Türportal.
Den Rock ums Bein, jetzt hochgeschlitzt,
ein Spiegelblick, Frisur die sitzt,
mit einstudiertem Lächeln drauf
reißt Kunigund die Türe auf.

32 - 3

Mit altem Zeug und Stiefeln an
steht vor der Tür ein kleiner Mann
der zieht den Hut, an dem klebt Lehm,
und grüßt: "*Paschulke. Anjenehm !*
Verzeih´n se, Frollein, datt Jeläut,
ich soll se saren datt et heut
bei Härrn Direktor Heiermann
´n Stüntschen später werden kann.
Isch bin de Järtner und isch soll
se bitten, datt wär ärlisch doll,
ob se de Blaren, sin nur zwee,
schon jetze nehmen, denn isch jeh´
mit meener Ollen gleech zum Ball,
beem Köbes Fritz in seenem Stall."
Perplex noch von des Gärtners Ton
will uns´re Kunigunde schon
zur Antwort geben "*Leider nicht*",
da hört sie wie ihr Mann schon spricht:
"*Ääh, sicher, ja, na klar, uns freut´s*"
als Quittung gibt´s ´nen Schlag in Kreuz,
ein zweiter folgt gleich hinterdrein
als er noch sagt: "*Kommen Sie rein.*"
Wie aus dem Nichts flitzt gleich darauf
ein kleiner Wicht mit Rucksack auf
zur Türe durch und hinterdrein
ein zweiter Wicht, genauso klein.
"*Datt sind die beeden, Max und Klaus,*
sind beede Sechse, sehn gleech aus,

en echtes Päärchen diese zwee,
ich wünsch 'nen juten Rutsch, ich jeh."
So sprach Paschulke und verschwand
zurück da blieben, Hand in Hand,
mit Rucksack und Kapuze an
die Zwillinge von Heiermann.
"*So, Kinderchen*" fängt Schulze an
"*wer von euch beiden Kerlchen kann
mir sagen, ...*", weiter kommt er nicht
denn grad tritt ihm der linke Wicht
im Fußballstil mit voller Wucht
vor's rechte Knie, ergreift die Flucht,
der rechte Wicht trifft, wie gemein,
mit gleicher Kraft das linke Bein.
"*Ihr kleinen Teufel..*" Schulze flucht,
indess Zwerg 2 das Weite sucht,
doch nach 2 Schritten tritt er rund
im Haltegriff von Kunigund.
Den Bruder fängt, trotz Widerstand,
der Butler James mit harter Hand,
Kein Strampeln hilft, der Zwerg erschlafft
und fügt sich der Gefangenschaft.
Mit dem ` *Ich bin ein Kind* -Blick drauf
schau'n beide zu Karl-Heinz hinauf.
"*Ich bin der Max ..*", "*.. und ich der Klaus*"
packt einer erst, dann beide aus.
"*Na schön,*" sagt Schulze, "*ist ja fein,*"
und reibt sich das lädierte Bein,

32 - 5

"wo wir uns jetzt so gut versteh´n,
schlag ich jetzt vor, zu Tisch zu geh´n."
"Oh, toll' klingt´s wie aus einem Mund
und dicht am Kopf von Kunigund
fliegt Jacke Eins, gefolgt von Zwei
und dann auch das Gepäck vorbei.
Ob zufällig, ob gut gezielt,
was hier jetzt keine Rolle spielt,
wählt Rucksack Eins im freien Flug
als Ziel den Dielen-Marmor-Krug.
Die Absicht ahnend wirft Karl-Heinz
sich in die Bahn, erwischt Sack Eins,
doch im Moment, als er ihn fängt,
erreicht, weil alle abgelenkt,
ganz unbemerkt Sack Zwei sein Ziel,
den Kronleuchter im Jugendstil.
Von links nach rechts und auch zurück
schwingt wild im Kreis das teure Stück,
es klirrt, es klimpert und es schellt,
doch nichts passiert, der Leuchter hält.
In luft´ger Höh´ umkreist sodann
der Rucksack von Klein-Heiermann
als Satellit auf Umlaufbahn
den Lichterstern aus Porzellan.
Mit Zorn im Blick und Schweiß im Hemd
und durch den Sprung ganz ungekämmt,
dreht Schulze sich, gefährlich stumm,
zum Attentäterpäärchen um.

4 Kinderaugen, engelsgleich,
schau´n zu ihm auf und butterweich,
den Tränen nah´, fragt Engel Zwei:
"*Holst du ihn runter?*", zeigt dabei
zur Decke hoch, wo ganz verwaist
noch immer Klausis Rucksack kreist.
´*Nicht Rucksack runter, ihr mit rauf*´,
denkt sich Karl-Heinz, doch gleich darauf
sieht er sich mit gebeugtem Knie
vor seinem Chef und denkt sich: ´*Wie
erkläre ich ihm dann, oh weh,
das Kinder-Rucksack-Mobilee.*´
"*Na gut*" spricht Schulze, "*doch dann seid
ihr folgsam für den Rest der Zeit.*"
"*Natürlich, Onkel*" klingt´s vereint,
"*wir sind ganz brav*", doch Schulze meint
in dem Versprechen klingt versteckt
ein Unterton, der Mißtrau´n weckt.
´*Ich werd´s riskier´n*´, so denkt er sich,
´*geht´s dann daneben, fall´ nicht ich*´,
und spricht zum Butler James gewandt:
"*Sie nehmen das jetzt in die Hand.*"
Der tut auch gleich, wie ihm befohl´n,
geht kurz hinaus, die Leiter hol´n,
kommt mit zurück, stellt sie auch auf,
steigt mit Bedacht die Stufen rauf,
schafft auch den Rückweg samt Gepäck,
der Sack gerettet - Kinder weg!

Voll Angst um Haus und Mobiliar
stürzt das gestreßte Ehepaar
im Eiltempo von Raum zu Raum,
erstarren plötzlich, glauben´s kaum,
denn im Salon, am Speisetisch,
da sitzen stumm und vorbildlich
die 2 Gesuchten und schau´n drein,
als könnten sie nicht braver sein.
´Ich wußt´ es gleich,´ denkt Schulze sich,
´die Kinder respektieren mich.´
Auch Schulzes Gattin Kunigund
staunt vor sich hin, mit off´nem Mund,
nur Butler James zieht ein Gesicht
als traute er dem Frieden nicht.
Karl-Heinz indess sieht sich wahrhaft
als anerkannte Führungskraft,
nimmt lässig Platz und kommandiert:
"*Die Suppe, James, wird jetzt serviert.*"
Vom alten Schlag, was sich hier zeigt,
denkt James sich seinen Teil und schweigt,
getreu der ersten Butlerpflicht:
´Man widerspricht der Herrschaft nicht´ .
Für Kunigund, die Dame mimt,
rückt Butler James, wie es sich ziemt,
den Stuhl zurecht, ahnt er doch nicht,
dass dieser gleich zusammenbricht.
Kaum gibt´s Kontakt von Po und Sitz
löst sich der Stuhl wie von ´nem Blitz

in Lehne, Sitz und Beine auf
und Kunigund sitzt oben drauf.
Der Butler James, beherrscht und cool,
fragt: "*Wünschen Sie ´nen neuen Stuhl?*",
indess stellt ` *Doktor´* Kunigund
die Diagnose: "*Schraubenschwund*!! "
Kein Schräubchen sitzt, wie sonderbar,
noch dort, wo es vom Werk her war,
doch keiner ahnt, was Ihr schon wißt,
dass es kein Garantiefall ist.
Die Schrauben ruhen still und stumm
bei Schulzes im Aquarium,
nur eine fehlt, sie wurd´ verschluckt
von Goldfisch Hans, der schuldig guckt.
Zufrieden mit dem Knalleffekt
klappt Schrauber Max, vom Tisch verdeckt,
den Schraubenzieher -winzig klein-
von seinem Schweizer Messer ein.
Indess hilft Klaus, ein ganzer Herr,
der ` *Tante´* aus dem Tiefparterr,
worauf sie dann, total verzückt,
den Helfer an den Busen drückt.
Der schnappt nach Luft, kommt wieder frei,
setzt sich schnell hin und grinst dabei,
denn bei dem Ringkampf, irgendwie,
verschwand Klein-Klausis Kaugummi.
Davon nichts ahnend, inspiziert
Frau Schulze, noch ganz derangiert,

den Stuhl, den James, der Butler, bringt,
bevor sie dann drauf niedersinkt.
Nachdem man jetzt gemeinsam sitzt
holt James die Suppe -frisch erhitzt-
und will sie schon galant servier´n,
da muß es wieder mal passier´n.
Die Sicht beschränkt durch das Tablett,
sieht er nicht wie auf dem Parkett,
grad auf dem Weg, den er begeht
ein kleiner, flacher See entsteht
und durch das Wasser in der Spur,
das kennt man selbst aus der Natur,
herrscht plötzlich große Rutschgefahr,
wo kurz zuvor noch keine war.
Was jetzt passiert ist bühnenreif,
denn Butler James, korrekt und steif,
verliert akut das Gleichgewicht
wie in dem Stück, wer kennt es nicht,
wo jährlich zur Sylvesternacht
der Diener James das ` Dinner´ macht.
Kein Tigerkopf liegt hier, der stört,
nur Wasser, wo´s nicht hingehört,
und statt des Hähnchens ohne Kopf
fliegt hier die Suppe samt dem Topf.
Es klatscht, es spritzt, Karl-Heinz schaut dumm
denn mitten im Aquarium
sinkt Topf mit Deckel auf den Grund
und an der Wand hängt kunterbunt

Tomatencreme, so schön wie nie,
als Lebensmittel-Graffiti.
Der Butler James, der arme Tropf,
steht mit Tablett und rotem Kopf
ganz einsam da und fragt sich nur:
` *Wie kam es zu der Wasserspur?* ´
Hätt´ er die Frage Max gestellt,
der unter´m Tisch die Vase hält,
wär er, was er nicht wissen kann,
schon nahe an der Lösung dran.
Doch so hängt James, zu Unrecht dann,
die Schuld an dem Schlamassel an,
ein tragischer Justizirrtum
bekannt als ` Schlacht im Dinner-Room´.
Doch auch bei solchem bösen Spiel
behält ein Butler Form und Stil
und James denkt sich, berufserfahr´n:
` *Jetzt Flucht nach vorn und Haltung wahr´n!* ´
So tritt er ans Aquarium,
fischt Topf und Deckel, dreht sich um,
geht Richtung Tür und räuspert sich:
"*Ich denke, ich servier´ den Fisch.*"
Noch starr vor Schreck, mit off´nem Mund,
nickt erst Karl-Heinz, dann Kunigund,
dann stottert er noch nicht ganz fit:
"*B-Bringen sie 2 Cognac mit.*"
Und siehe da, nach kurzer Zeit
steht auf dem Tisch, verzehrbereit,

die Silberplatte, voll mit Fisch,
dazu 2 ` *Asbach'* , flaschenfrisch.
"Bedient euch, Kinder, und greift zu"
spricht Karl-Heinz Schulze und im Nu
häuft sich vor unser'm Zwillingspaar
Forelle, Lachs und Kaviar.
"Ich will ein Brötchen." *"Lieber zwei,"*
ruft Max, dann Klaus, *"mit Mayo bei."*
"Für'n Fisch-Mäc" klingt's, jetzt im Duett,
"und danach geh'n wir gleich ins Bett."
Der letzte Satz steht noch im Raum
als Butler James, man sieht ihn kaum,
2 Sesambrötchen, schon halbiert,
und dazu noch ein Glas serviert.
Im Eilverfahren stapeln dann
die Fast-Food-Kinder Heiermann
2 kleine Türme, Schicht für Schicht,
und obendrauf kommt, glaubt man nicht,
ein Riesenlöffel Kaviar,
der eigentlich sehr teuer war.
Zum Schluß noch schnell das Brötchen drauf,
ein fester Griff, den Mund weit auf,
ein Riesenbiss, doch keiner schluckt,
stattdess' wird alles ausgespuckt.
"Igitt, wie eeklich" klingt's am Tisch,
"das Brombeerzeug schmeckt voll nach Fisch!"
Der Spruch aus Maxis Kindermund
wär eigentlich zum Lachen Grund,

doch niemand lacht, stattdessen wischt
Frau Schulze sich aus dem Gesicht
was dort noch, außer Kaviar,
nach kurzem Flug gelandet war.
"Mir ist ganz schlecht, ich will nachhaus' "
klagt erst Klein-Max und auch der Klaus
ist im Gesicht schon ziemlich bleich
und jammert: *"Oh, ich breche gleich!"*
"Oh nein!" ruft Schulze, springt vom Sitz
und trägt wie ein geölter Blitz
die Bleichgesichter Max und Klaus
im Sauseschritt zum Garten raus.
"Jetzt tief geatmet, ein und aus,"
verordnet ` Doktor Schulze´ Klaus
und stellt sich im gespreizten Schritt
vor die Patienten und macht mit.
Nach 2 Minuten zeigt sich schon
die Besserung im rosa Ton
der langsam Klausis Kopf erreicht,
wo Blässe etwas Farbe weicht.
Doch kaum genesen ruft der Zwerg:
"Oh, Maxi, sieh! Ein Feuerwerk!"
Tatsächlich steht geschützt am Haus
ein Pappkarton und oben raus
schaut das was Klaus, ganz int´ressiert,
als Feuerwerker inspiziert.
"Raketen, toll! Und Kracher auch!
Und Silberregen, mit viel Rauch!

Oh bitte, Onkel, laß doch mal
so eine steigen, nur einmal."
` Der Wunsch der Kinder Heiermanns
ist mir Befehl und schaden kann´s
auf keinen Fall wenn´s einmal kracht,´
denkt sich Karl-Heinz, ` und sicher macht
der Alte mich im Neuen Jahr
zum Juniorpartner, wunderbar !"
Gedacht, getan, baut gleich darauf
Karl-Heinz den ersten Startplatz auf.
Exakt plaziert, mit festem Stand,
dient eine Flasche, altbekannt,
als Abschußbasis für den Start
der Top-Rakete "Fireheart".
Als Traum in Rot mit heißem Kleid
steht sie zum Abschuß startbereit,
die gold´ne Spitze zeigt ins All
bereit für den finalen Knall.
"Der Countdown läuft !! Vier. Drei. Zwo. Eins."
und dann bei "Null" bringt sich Karl-Heinz
mit einem Satz in Sicherheit
und grade noch zur rechten Zeit.
In einem Funken-Feuerschweif
steigt sie empor, zuerst noch steif,
doch dann rast sie als helle Pracht
zum Himmel hoch, in schwarze Nacht.
Ganz oben dann, kaum noch zu seh´n,
sieht man den hellen Schweif vergeh´n

und plötzlich herrscht für kurze Zeit
am Himmel wieder Dunkelheit.
Doch dann erscheint, noch vor dem Knall,
ein blutigroter Feuerball,
der sich am Himmel, ganz enorm,
verteilt zu einer Herzensform.
Momente lang brennt himmelwärts
ein glutgemaltes Flammenherz,
das schaurig schön die Nacht erhellt,
bevor es dann zusammenfällt.
Begeistert von dem schönen Bild,
was ausnahmslos für alle gilt,
steh´n Schulzes, James, auch Max und Klaus,
gemeinsam staunend hinter´m Haus.
Ganz ehrfurchtsvoll betrachten sie
die eindrucksvolle Szenerie
bis auch das letzte Lichterspiel
als Sternschnuppe vom Himmel fiel.
Dann ist´s vorbei und keiner spricht,
bis dann Klein-Max das Schweigen bricht:
"*Du, Onkel ? Du, ich glaub es brennt*"
und zeigt dabei mit beiden Händ´
auf den Karton, der leicht verfrüht
in Flammen steht und Funken sprüht.
Ein schlichter Funke, winzig klein,
fand seinen Weg von ganz allein
zur hochbrisanten Kollektion
und was dann folgt, das ahnt man schon,

denn durch die Hitze, riesengroß,
geht alles gleich auf einmal los.
Karl-Heinz schreit nur noch "*Deckung, schnell*!"
da wird´s im Garten ziemlich hell.
Bengalisch bunt erstrahlt die Nacht,
es zischt, es raucht, es blitzt und kracht,
Raketen sausen durch die Luft
und überall liegt Schwefelduft.
"*Oh Mann, das ist echt supercool*"
klingt´s fröhlich unter´m Gartenstuhl,
dort sitzen 2 und grinsen froh
denn echte Kerle sind halt so.
Ganz anders sieht Karl-Heinz mit Frau
die ungewollte Pyro-Schau,
denn beide sind noch taub vom Knall
des Böllers, Marke "*Donnerhall*"
und James, der Butler, flüchtet grad´
vor einem wilden Feuerrad.
Ein Schwärmer schwärmt, ganz irritiert,
durch einen Baum, doch nichts passiert,
ein zweiter Schwärmer saust dafür
mit Schwung durch die Terassentür
und landet dann aus lauter Spaß
mit einem ` Klatsch´ im Mayo-Glas.
Dann plötzlich, Stille, überall,
im Blumenbeet ein letzter Knall,
dann ist´s geschafft, wer hätt´s gedacht,
und Klausi kriecht heraus und lacht,
denn Opfer dieser Schlacht ist nur

die Terrakotta-Standfigur.
Im kleinen Amor, ganz aus Stein,
schlug eine der Raketen ein
und steckt ihm, gar nicht engelhaft,
im linken Batzen, bis zum Schaft.
Mit diesem Bild beschließen wir,
denn die Geschichte endet hier,
natürlich gibt's, wie's jeder kennt,
so wie im Film ein Happy-End.
Um 00.00 Uhr kommt, verspätet zwar,
das Heiermannsche Ehepaar
und dieses trifft, total erstaunt,
den Max und Klaus, sehr gut gelaunt,
im Huckepack als Reitersmann
auf Schulze und dem Butler an.
Karl-Heinz und James, so ziemlich blau,
und Kunigunde, Schulzes Frau,
fällt's richtig schwer beim Abschied dann
von Max und Klausi Heiermann.
Die beiden Zwerge, still und brav,
fall'n ganz erschöpft in tiefen Schlaf,
doch letzter Wunsch der beiden war:
"Auf Wiederseh'n im nächsten Jahr!"
So schön kann's an Sylvester sein,
lädt man die richt'gen Leute ein,
jetzt gute Nacht und schön geträumt,
und morgen wird dann aufgeräumt,
und nächstes Mal, da feiern wir,
Sylvesternacht zuhaus bei *Dir*!!

Tennis spielen -
"*Null Problemo*"

33.   Tennis spielen - "*Null Problemo*"

Wer kennt ihn nicht, den `weißen Sport´,
die Filzball-Schlacht vom Centre-Court;
im sportlich-fairen Tennis-Krieg
kämpft Mann und Frau um Spiel / Satz / Sieg.
2 Spieler gibt´s, - zumindest meist,
es gibt auch 4, was Doppel heißt -;
auf Asche, Sand und Rasenplatz
hau´n diese sich den Ball vor´n Latz.
Das Spielfeld ist, - was irritiert -,
auf beiden Seiten leicht kariert,
5 Linien längs, 2 Linien quer,
- der Platz drumrum, der gilt nicht mehr.
Damit sich auf dem Tennis-Feld
auch jeder an die Regeln hält
gibt´s "*Lines-Men*" satt, - am Feld gleich 10 -,
die kleinlich auf die Linien seh´n.
Dann gibt´s noch den, der zählen darf,
- der sitzt erhöht und guckt ganz scharf -,
das wären 11, plus den am Netz,
im Ganzen 12, das wär´s wohl jetz´.
Für´s Apportier´n, sprich „*Bällchen hol´n*"
gibt´s Personal auf Turnschuhsohl´n,
die Ball-Jungs sind, - die Mädchen auch -,
ein `ehrenhafter´ Tennis-Brauch.
Seit Jahren schon red´ ich mir ein
ich könnt´ wie Boris Becker sein,

drum trat ich an, - mit Shorts und Rack -,
beim Grundkurs 1 zum Tennis-Crack.
Nicht ganz allein, - wir sind zu viert -,
lauscht jedermann, - höchst int´ressiert -,
zur 1. Stunde Unterricht
den Worten, die der Trainer spricht.
Nach ca. 10 Minuten schon
nervt mich bereits der Lehrer-Ton,
den ganzen Quatsch, den brauch´ ich nie,
will Tennis spiel´n, - nix Theorie.
Nach 1 Stunde ist´s soweit,
die Praxis ruft, ich bin bereit;
den Ball ganz hoch, fest d´rauf, - oh, Schreck -,
der Ball ist da, mein Schläger .... weg !
„Viel Kraft, kein Schwung", belehrt man mich,
ein purer Zufall, - sicherlich -;
ich schlag´ erneut, - mit viel Effet -,
die Schulter kracht, - Mann, tut das weh !
*„Ein grader Wurf, - mehr hoch als weit -,
den and´ren Arm zum Schlag bereit,
dann Peitschen-Schwung auf 2 und 3
und irgendwann geht´s ohne Schrei*".
Des Trainers warme Worte sind
ein wahrer Trost, - ich glaub´, der spinnt -,
ein `*grader Wurf*` mit `*Peitschenschwung*`,
- ich schlag´ erneut ... Erleichterung !
Ich treff´ den Ball ganz ohne Schmerz,
der Trainer grinst: *„Das war kein Scherz*",

ich geb' ja zu, der Mann hat Recht,
mal zuzuhör'n, wär auch nicht schlecht.
Der Aufschlag ist auch wirklich schwer,
die ` *Vorhand cross*´ , die liegt mir mehr;
schon tausend Mal im Traum probiert,
ich peitsch' den Ball und ... nichts passiert !
„*Dein Schlägerkopf*", hör' ich gefaßt,
„*hat ziemlich knapp den Ball verpaßt.*
Doch glaube mir, es klappt bestimmt
wenn man den Schläger höher nimmt."
Mein nächster Ball schlägt kurz darauf
sehr knapp vor meinen Füßen auf,
der Trainer spricht: „*In diesem Fall*
schlägst du, - was falsch ist -, ´auf´ den Ball.
Man trifft den Ball von unten her",
- ein weiser Ratschlag ... hinterher !
Ich schlag' voll Trotz und ... kann nicht sein,
- ein Lehrbuch-Schlag, ins Feld hinein -;
vom Trainer kommt ein kurzer Blick:
„*Na, sag' ich doch. Das heißt Physik.*"
Der Schmetter-Longline-Rückhandschlag
ist der, den ich am meisten mag,
aus vollem Lauf die Linie lang,
da wird dem Gegner Angst und Bang.
Ich setze an, es macht laut ` *Krach*´ ,
- ein schöner Gruß ans Hallen-Dach -,
mein Trainer zeigt, wie's richtig geht,
der Schlägerkopf wird „*leicht gedreht*".

Den Schläger dreh´n, - das mach´ ich jetz´ -,
der nächste Schlag geht voll ins Netz;
mein Lieblings-Trainer weiß warum:
„Geh´ tief ins Knie und fall´ nicht um."
Das Passiv-Spiel von hinten raus
ist nicht mein Ding, - bin Mann, nicht Maus -,
den Netz-Angriff für´s Publikum,
den hab´ ich drauf, da macht´s `Bumm-Bumm´.
Als Angriffs-Ball, wie frisch bestellt,
tropft vorn ein kurzer Stop ins Feld
ich stürz´ ans Netz, gespreizt im Bein,
- `ne Mauer könnt´ nicht breiter sein.
Ein locker-leichter Trainer-Ball
rast auf mich zu, - mit Überschall -,
mein Schläger hält der Wucht nicht stand
und segelt bis zum Spielfeld-Rand.
„Das Bein nach vorn, den Körper dreh´n,
bei Ball-Annahme seitwärts steh´n,
den Schläger hoch, den Ball nur führ´n,
der Schwung ist da, du wirst es spür´n."
Den Volley 2, - korrekt gestellt -,
versenk´ ich dann im Trainer-Feld,
ich schau ihm nach und mir wird klar
dass ich wohl stur und dämlich war.
Seit dieser Stunde nahm ich dann
auch gern den Rat des Trainers an,
bei Volley, Lop und Rückhand-Slice,
floß literweise Trainings-Schweiß.

So manches Mal vergaß man doch
den Trainer-Rat, - wie war das noch ? -,
„Fall nicht ins Kreuz. Geh´ tief ins Knie"
- das mach´ ich doch, er sieht´s bloß nie !
Doch endlich dann, mein Erst-Turnier,
2 Stunden Kampf, nun steh´ ich hier.
Ich werf´ den Ball nach Trainers Rat
auf knapp 1 Uhr, - schön hoch und grad´ -,
die Peitsche peitscht, der Ball geht ab,
Return kommt kurz, - Oh, das wird knapp -.
Mit letzter Kraft und viel, viel Glück
lupf ich den Ball ins Feld zurück,
nun steh´ ich vorn und wart´ am Netz,
der letzte Punkt fällt hier und jetz´.
Der Ball kommt hoch ... ein Lop, - Oh, Nein -,
ich renn´ zurück, krieg´ ihn nicht ein,
da hilft nur eins, ich spring´ und wag´
den `Durch-die-Beine-Wunder-Schlag´ .
Ein Blindflug-Schuß nach hinten raus,
- die Menge tobt, ich hör´ Applaus -,
nicht ausruh´n jetzt, nur schnell zurück,
ich wende rechts, das war mein Glück.
Der Volley kommt, schön tief plaziert,
als Rückhand-Cross, - gemein serviert -,
doch ungewollt, - mit viel, viel Schwein -,
spielt er mir in den Lauf hinein.
Der Ball springt auf in Schlag-Distanz,
den *„Schläger dreh´n"*, - ich weiß, ich kann´s -,

ganz „*tief ins Knie*", den „*Blick auf´s Ziel*",
jetzt „*durch den Ball*" und „*Longline*" ... - SPIEL !!
Der Punkt ist mein, das Match dazu,
die Halle tobt, gibt keine Ruh´,
doch mehr zählt noch, - wer hätt´s gedacht -,
das Lob vom Trainer „*Gut gemacht* !!"

Ein Teufel namens Beelzebub

34.   Ein Teufel namens Beelzebub

Für Sünder gibt´s, wie man ja weiß,
als Lohn ein Plätzchen, - sündhaft heiß -,
in Reihe 1 vom "*Höllenschlund*",
dem "*Seelen-Grill*" im Untergrund.
Der Leiter dort, - wer kennt ihn nicht -,
ist Beelzebub, der böse Wicht;
in Klassisch-Rot, gehörnt mit Schwanz,
schwingt er den Huf zum Teufels-Tanz.
Das Fegefeuer glüht und brennt,
wie man´s aus Omas Märchen kennt,
und wer nicht spurt, den treibt er dann
mit dem gespitzten Dreizack an.
So stell´n wir uns, aus Tradition,
den Teufel vor, seit jeher schon,
doch ganz zu stimmen scheint dies nich´
denn Beelzebub, der langweilt sich.
Seit Jahren schon ist nichts mehr los,
der Andrang klein, die Sorgen groß,
sein Huf der lahmt, ihn plagt das Knie,
und neuerdings, - das gab´s noch nie -,
merkt er auch noch, so´n schöner Mist,
dass er latent allergisch ist.
Er niest von Ruß und Schwefelstaub,
die Nase tropft und - mit Verlaub -,
der Ofen der nur kläglich raucht
beweist, dass er Erholung braucht.

Auf seinem Schoß liegt, frisch bestellt,
"*Adventure-Tours zur Oberwelt*",
ein Reise-Buch mit Witz und Grips
für hausinterne "*Höllen-Trips*".
"*10 Stunden Stau vor Disneyland,*
samt Motorbrand", der Teufel gähnt,
"*Vulkanausbruch*", er schnieft und niest,
"*mit Lavastrom der talwärts fließt*",
und schließlich, was ihn grinsen läßt,
"*Kein Bier mehr beim Oktoberfest*".
Ein letztes Blatt, wer hätt´s gedacht,
er reißt es raus, springt auf und lacht,
denn drauf steht nur, schwarz-weiß und klein,
"*Für einen Tag mal Engel sein*".
Er niest und flucht: "*Verdammt nochmal,*
dies nenn´ ich wahre Höllenqual.
Noch nie hab´ ich", der Teufel lacht,
"*´ ne wirklich gute Tat vollbracht.*"
Im hölleneig´nen Internet
wählt er die `*Letzte Ruhestätt´*,
dort bucht er unter Homepage `Fromm´
per ` *WWW* (Punkt) *HÖLL* (Punkt) *COM´*.
2 Tage d´rauf, es ist halb 8,
sitzt er bereits im Fahrstuhlschacht.
Der Dreizack steht, poliert und blank,
zuhaus´ bei ihm im Besenschrank,
die Hörnchen ziert, noch etwas steif,
ein kleiner gold´ner Engels-Reif

und auf dem Nachthemd bis zum Knie
steht "*Angel for Security*".
Das Outfit stammt vom letzten Ball
beim Hexen-Vollmond-Karneval,
für diesen Tag, hat er gedacht,
wär es doch wirklich angebracht.
"*Mein Auftritt wird*", er grinst schon froh,
"*' ne kinoreife Bühnen-Show,*
als Engelchen mit Hinkebein
fahr ich durch den Kamin hinein."
Ein letzter Blick auf's Formular
zeigt ihm, wer heut sein "*Schützling*" war,
er liest noch grad' den Namen "*Fritz*",
- da geht's schon los, per Schleudersitz !
Nach schneller Fahrt und Anpressdruck
folgt erst ein Knall, dann kurz ein Ruck,
der Teufel flucht, als es so knallt,
denn er ist gar nicht angeschnallt,
das ist auch dann, wie ihr gleich seht,
der Grund, warum's daneben geht.
Ganz ungebremst, mit Höllenschub,
saust "*Fahrstuhl-Dummy*" Beelzebub
nach kurzem Rutsch durchs Ofenrohr
aus dem Kamin und gleich davor,
zwar butterweich, doch viel zu schnell,
in einen Airbag, ganz aus Fell.
Der Teufel stutzt und denkt: "*Auwei,*
ein Stück zu schnell und knapp vorbei."

Der ungewollte Ankunftsschwung
war Anlaß für `nen Seelensprung,
die Pfote juckt, er beißt und leckt,
weil er in Dackel " *Waldi*" steckt.
Als " *Höllen-Hund*" schaut er sich dann
die neuen krummen Beinchen an,
mit Langhaarfell und Hängeohr
kommt er sich echt bescheuert vor.
Das Näschen läuft, er niest und bellt,
wobei er aus dem Körbchen fällt,
er niest erneut und denkt: " *Na klar !*
Allergisch auch auf Hundehaar !"
Das Fahrwerk im 4 Pfoten-Stil
wirkt ziemlich schief und instabil,
kein Bein scheint dort, wo´s hingehört
und hinten dran, was ziemlich stört,
da wedelt wild, von ganz allein,
von links nach rechts ein fünftes Bein.
" *Oh Waldilein, in aller Welt,*
was hast du jetzt nur angestellt ?"
In dem Gemisch aus Ruß und Dreck
steht Waldis Frauchen, starr vor Schreck,
und vor´m Kamin, voll Eleganz,
jagt Beelzebub den eig´nen Schwanz.
Grad wo es ihm gelungen schien,
den Teppichklopfer einzuzieh´n,
reißt der sich los und schwingt erneut
als Zeichen, dass der Hund sich freut.

34 - 4

Doch Frauchen packt, mit ernstem Blick,
den Rußgeschwärzten am Genick
und ehe der's verhindern kann
schwebt er ins Bad und landet dann
trotz Jaulen und trotz Gegenwehr
im parfümierten Schaumbad-Meer.
Mit Floh-Shampoo von Ohr zu Ohr
kommt er sich wie ein Waschbär vor,
- getaucht, geschrubbt und ausgespült -,
kein Häärchen gibt's, das er nicht fühlt.
Als Wickel-Wurst im Frottee-Tuch
gibt's keine Chance auf Fluchtversuch,
gewalkt, gewrungen und gefönt,
hört er wie seine Waschfrau stöhnt:
"*Das kommt davon*," - wie wahr das ist -,
"*weil du ein kleiner Teufel bist.*"
Ein letzter Klaps, dann ist's vorbei,
die Tür geht auf, der Weg ist frei,
so schnell die Pfote tragen kann
strebt unser Waldi Frischluft an.
Als Werbe-Hund für Poly-Kur
schießt er mit Schwung durch Bad und Flur,
mit Schaum und Schweiß im Angesicht
kreischt Waldis Frauchen: "*Wag' es nicht*!"
Doch Waldi fand mit viel Gespür
den Spalt in der Terassentür,
trotz "*Pfui*" und "*Aus*" und "*Böser Hund*"
pflügt er durch Matsch und Untergrund.

Die wilde Waschfrau naht - Klipp-klapp -
im Hauspantoffel-Angriffs-Trab,
das Haar fliegt wild, der Kittel weht,
beim Sturmangriff auf´s Blumenbeet.
Der Morgentau im nassen Gras
macht dieses glatt, was sie vergaß,
kein Wunder ist, - bei null Profil -,
dass sie mit Schwung zu Boden fiel.
Die Rutschpartie auf Brust und Bauch
führt g´radewegs zum Himbeerstrauch,
dort wartet schon mit treuem Blick
der Hund auf Frauchens nächsten Trick,
als Ansporn gibt´s ´nen feuchten ` *Schmatz*´
vom Kinn bis hoch zum Haaransatz.
Das Frauchen spuckt, der Dackel bellt,
weil ihm das neue Spiel gefällt,
das Teufelchen, das in ihm steckt,
hat seinen Sinn für Spaß entdeckt.
Ein Loch im Zaun ist nächstes Ziel
beim alten "*Frauchen-Fang-mich-Spiel*",
der Weg führt unser´n kleinen Held
ins nachbarliche Erdbeer-Feld,
bei Opa Schmitz, den Waldi mag,
ist heut´ mal wieder Enkel-Tag.
Ein kleiner Bub´ mit blondem Haar
spielt g´rad mit Opa "*Fußball-Star*",
ein Spiel, das jedem Kind gefällt,
der "*Stürmer*" schießt und Opa hält.

Mit wachem Blick und sehr gespannt
hockt Waldilein am Spielfeldrand,
der bunte Ball auf grünem Grund
ist Schlüsselreiz für jeden Hund.
Auch Beelzebub denkt nur daran
wie er ihn wohl mal kriegen kann,
doch im Moment, als er dies denkt,
da fliegt - von Opa abgelenkt -
der Ball mit Schwung - zu Opas Graus´ -
vom Kind verfolgt zum Tor hinaus.
Zum Glück für´s Kind und die Geschicht´
gibt´s Waldi und der zögert nicht,
im Tiefflug saust Freund Dackelohr
dem Kinde nach durchs Gartentor.
Mit Höllenschwung und viel Gebell
geht alles Weit´re rasend schnell,
- ein Auto hupt, ein Mann erbleicht,
als Waldilein das Kind erreicht.
Beim Rettungssprung im Flughund-Stil
hat Beelzebub die Hand im Spiel,
mit Dackelmut und Teufelskraft
hat Waldi es noch grad´ geschafft;
- der Wagen hat den Ball erfaßt,
doch höllisch knapp das Kind verpaßt.
Der Großpapa, der eilig naht,
war Zeuge dieser Heldentat,
er lacht und weint - ein Tränchen rinnt -
und greift sich Hund und Enkelkind,

der Retter hört noch grad´ : "*Mensch, Fritz* ... !"
da hängt er schon im Schleudersitz.
Die Fahrt führt abwärts - rasend schnell -,
im freien Fall geht´s "*Back to Hell*";
der ` *Schützling* ´ ist in Sicherheit
und das heißt End´ der Engelszeit.
Der Fahrstuhl bremst, er springt hinaus,
- die Hölle sieht wie immer aus -,
er schnieft und niest und flucht "*So´n Mist*"
weil alles viel zu staubig ist.
Im Hochgeschoß - zur gleichen Stund´ -
träumt vor´m Kamin ein kleiner Hund
und kaut dabei, genußvoll stumm,
auf einer Riesen-Wurst herum.
Das Zipfel-Teil ist Rettungs-Lohn
von Opa Schmitz und Enkelsohn,
trotz Amnesie ist Waldi klar,
dass dies `ne Höllen-Arbeit war.

Dies scheint das End´ von der Geschicht´,
doch ganz zu Ende ist sie nicht !
Beim Teufel hängt ein Engelskleid
zum Trip durch den Kamin bereit,
d´rum denk daran, wenn´s raucht und blitzt
und Du zuhaus´ vor´m Ofen sitzt,
beim nächsten Mal, vertraue mir,
reist Beelzebub vielleicht in *D i r* !!

Die Weintraube
(oder: Ein Pröbchen in Ehren)

35. Die Weintraube
(oder: Ein Pröbchen in Ehren)

An Hängen steht, in Reih' und Glied,
der Reben Stock und daran zieht
des Winzers Hand tagaus, tagein,
die Trauben hoch zum guten Wein.
Genährt von Erd' und Sonnenkraft
füllt Traub' für Traub' sich mit viel Saft
bis sie sodann im prallen Kleid
den Winzer lockt zur Erntezeit.
Doch nicht nur Winzers Aug' entzückt.
So manchem Wandersmanne drückt
beim Gang vom Berg nicht nur der Bauch;
nein, hintendrauf der Rucksack auch.
Doch denkt daran, oh, Wandersleut',
ein Pröbchen ist des Winzers Freud',
doch mancher Wilde probt zu viel
und nimmt gleich Reb' mit Stumpf und Stiel.
Gerupft, geknickt, wirft er sie fort
und niemehr wächst ein Träubchen dort
wo einst ein voller Rebstock stand,
drum zeigt Verständnis und Verstand,
denn eins ist klar bei der Geschicht':

Soooo teuer ist der Wein doch nicht !!

Brief an
Jürgen von der Lippe
(*Er hat geantwortet* !)

36. Brief an Jürgen von der Lippe
(*Er hat geantwortet* !)

Lieber Jürgen !

Wenn Du Dich kurz vom Streß befreist
und mir dafür Dein Öhrchen leihst,
erfährst Du was, was Du nicht weißt,
- ein kleiner Scherz, den ich mir leist´ !

Ein Teil von Dir, - so wie Du heißt -,
tut ziemlich weh, wenn man drauf beißt,
und dieses Teil riskierst du meist
sehr wörtlich "*dick*", man nennt dies "*dreist*".

Das Paar, das uns zum Namen weist,
steht hier nicht vorn, obwohl´s dort speist,
vom ` *von der*´ und vom Bart umkreist
sind oft beim Kuss gleich 4 verschweißt.

Dies Körperteil, das Spaß verheißt,
hat manchem ` *Zwerch*´ das ` *Fell*´ verschleißt,
- ein loser Mund, dem Du ganz feist
mit spitzer Zunge Glanz verleihst.

Wenn Du mit Schwung ins Studio schneist
und "*brüllerhafte*" Witze reißt,
geschieht's auch mal, dass Du entgleist
und Wörter sagst, wie "*geil*" und "*sch....*".

Als Mann von Welt mit Mode-Geist
hast Du auch schon Hawaii bereist,
Du liebst es bunt, was Du beweist,
als Star-Mäzen, der Neues preist.

Ich hoff', dass Du den Scherz verzeihst
und mir zum Schluß `ne Gunst erweist;
ein Autogramm, - doch nur wenn's geht -,
mehr will ich nicht.

Dein Spaß-Poet

Kleine Limericks mit noch mehr "..*eist*"

Wenn man Dich der Moschee verweist
weil Du den Ort mit Schuh´n entweihst,
dann zeig´ den Fuß, auch wenn er schweißt,
weil man Dich sonst ins Kittchen schmeißt.

In kalter Nacht, vom Frost vereist,
ist alles still, die Stadt verwaist.
Du schaust zum Mond, der silbern gleißt,
und wünschst, dass Du dort oben seist.

Ob Du vom Kind zum Mann gedeihst,
`ne Freundin hast, die Du dann freist,
ob Du als Macho "*Bier her*" schreist
und Dich des falschen Tons befleißt,
egal ob Du zum Greis ergreist,
nur Eines zählt, - es reimt auf "..*eist*".

So schön kann's nur beim Zahnarzt sein

37.   **So schön kann´s nur beim Zahnarzt sein**

Für Jeden gibt´s, so glaube ich,
wohl irgendwas, das mag er nich´,
ob Angst vor´m Flug, vor´m Hund von Schmitz,
nichts gleicht der Furcht vor´m Zahnarzt-Sitz.
Ich kenn´ den Spruch " *Tut gar nicht weh*",
doch wenn ich schon das Werkzeug seh´,
dann läuft der Schweiß, gibt´s weiche Knie,
ich hab`ne echte Bohr-Phobie.
Seit Jahren schon geh´ ich nicht hin
weil ich kein Indianer bin,
man nennt mich nur` *Old Hasenherz*
denn "*weißes Mann kennt großen Schmerz*".
Doch jetzt, - oh weh -, gibt´s kein Zurück,
vom Backenzahn, da fehlt ein Stück,
der Teufel selbst hat mich geneckt
und in dem Brot`nen Stein versteckt.
Beim Frühstück war´s, - noch nicht ganz wach -,
ein Biss, ein` *Knirsch*´, ein lautes` *Krach*´,
aus meinem Mund fiel Brot und Stein
und schließlich auch ein Zahnilein.
Kein Uhu half, kein Wehgeschrei,
ein gottverdammter Nerv liegt frei,
jetzt sitz´ ich hier im Wartesaal
bei Dr. med. Hans HÖLLENQUAL.
Der Name bürgt für Qualität,
- wenn er doch nur nicht bohren tät -,

`ne Ewigkeit, - so kommt´s mir vor -,
wart´ ich jetzt hier vor´m Zahn-Labor.
Das "*Gold´ne Blatt*" in meiner Hand
ist schweißgetränkt von Rand zu Rand,
zum zehnten Mal les´ ich jetzt schon
"*Ist dieses Kind Bill Clintons Sohn?*".
Gleich vis-a-vis sitzt Oma Schmitz
und schaut vergnügt, wie ich hier schwitz´,
sie lächelt nur und zeigt mir dann
was sie mit ihren Zähnen kann.
Ein kleiner Griff, - ich halt´s nicht aus -,
denn Oma holt die Beißer raus,
sie grinst und spricht: "*Kannßt du gleich auch*",
- mein Hemd ist durch, die Hose auch.
Dann ist´s soweit, man ruft mich auf,
führt mich zur Tür, da steht was drauf,
"*Nicht böse sein, wenn´s etwas schmerzt*"
- wie schön, dass auch ein Zahnarzt scherzt !
Ich trete ein und hole Luft,
- wer kennt ihn nicht, den Praxis-Duft -,
man atmet ein und fühlt sich wohl,
ein wenig Schweiß, ein Hauch Odol.
Noch keiner da, ich schau mich um,
seh´ kleine Haken, - spitz und krumm -,
in Reih und Glied liegt auf der Deck´
das Bohr-und-Fräs´-OP-Besteck.
Ein Wust von Schläuchen, - kreuz und quer -,
hängt über´m Stuhl, der ist noch leer,

ein Becken links, ein Spot für´s Licht,
- ich will nachhaus, ich mag heut´ nicht.
Ich schleich´ zur Tür, so leis´ ich kann,
doch schon zu spät, da steht ein Mann,
ein Metzger-Typ, 2 Meter groß,
mit blutbeflecktem Kittel-Schoß.
" *Wo willst du hin,*", schnauzt er mich an,
" *hüpf auf den Stuhl und sei ein Mann.*"
Sympathisch wie ein Henkers-Knecht
schleift er mich hin, - mir ist ganz schlecht -,
ein kleiner Schubs, kurz festgeschnallt,
vor Angst wird mir erst heiß, dann kalt.
" *Der erste Eindruck täuscht vielleicht*",
so denke ich, vor Furcht erbleicht,
doch dann seh´ ich, - die Hoffnung wich -
die Arztgehilfin FÜRCHTERLICH.
Ein Riesenweib, 3 Zentner schwer,
mit Pranken wie ein Grizzly-Bär,
sie blickt mich an, bedrohlich still,
als wenn sie mich panieren will.
" *Dann woll´n wir mal*", spricht Doktor H.,
" *den Schnabel auf. Was seh´ ich da ?*
Ein freier Nerv, der Zahn ist hin,
tut das hier weh?" Ich glaub´, ich spinn´,
mit bloßem Finger, dick und krumm,
pult er mir an dem Zahn herum.
" *Der 7 A ist kariös,*
die Reihe rechts komplett porös,

ganz hinten links, der Stumpf ist tot
und auch das Zahnfleisch, blutig rot.
Da hilft nur eins, komplett sanier´n,
vielleicht Gebiß, das kann passier´n".
Verstört und klein häng ich im Sitz
und denk´ dabei an Oma Schmitz.
"Den Walkman her, Frau FÜRCHTERLICH,
denn ohne diesen geht es nich´ ",
der Teddy brummt und tapst zum Schrank,
- moderne Praxis, Gott sei Dank !
Musik zum Schutz vor starkem Schmerz,
das ist das Neu´ste, - ohne Scherz -,
mit Klassik, Pop und Heinos Stimm´
ist jeder Schmerz nur halb so schlimm.
"Ein Stück von STRAUSS und nicht zu lauf",
das ist mein Wunsch, der Doktor schaut,
"Das ist für mich", er grinst mich an,
"damit ich besser bohren kann".
Ein kurzer Klick und ich bin blind
weil 1000 Watt sehr blendend sind,
der Schweiß bricht mir gleich doppelt aus,
ich werd´ gegrillt, ich will nachhaus.
Ein zarter Druck aufs Nasenbein,
mein Mund geht auf, 3 Schläuche rein,
kein Röcheln hilft, auch kein Protest,
Frau FÜRCHTERLICH hält eisern fest.
Den Sauger an, doch dieser spuckt,
die Zunge wurd´ vom Schlauch verschluckt,

der Doktor zieht, die Schwester auch,
doch gar nichts hilft, ich steck´ im Schlauch.
"Na ja, was soll´s, dann bleibt sie drin",
spricht Doktor H. und biegt mein Kinn,
"dann stört das Teil beim Bohren nicht"
- ein Wort, bei dem mir Schweiß ausbricht.
"Am besten mach´ ich erstmal Platz,
da noch zu bohr´n, wär für die Katz,
die Alten raus, 5 Neue rein,
sie werden mir noch dankbar sein."
Die Zange naht, - ein Riesen-Teil -,
(warum nimmt er nicht gleich ein Beil ?)
mit diesem Ding, - wie es mir schien -,
kann er gleich 5 auf einmal zieh´n.
Die Augen zu, gleich ist es aus,
heut´ komm´ ich mit Gebiß nachhaus´,
die Zange schließt sich, - sei ein Mann -,
"Herr Kielmann, bitte, sie sind dran."
Die Augen auf, - verdammt noch mal -,
ich sitze noch im Warte-Saal,
das Ganze war, - ich glaub´ es kaum -,
ein bitterböser Ohnmachts-Traum.
Vor mir steht, statt Frau FÜRCHTERLICH,
ein Traum in Blond, ich glaub´ es nich´,
im weißen Dress, so steht sie da,
ein Baywatch-Typ als M.T.A..
"Frau Doktor wartet, sie sind dran",
spricht Schwester Pam und lacht mich an,

37 - 5

noch ganz verwirrt spring ich empor
und komm´ mir reichlich albern vor.
"In Nummer 3, gleich g´radeaus"
zeigt sie den Weg, ich stolper raus,
der Gang ist leer, ich bin allein,
sollt´ ich erneut bewußtlos sein ?
Da ist die 3, ich trete ein,
ein warmes Licht, kein Neon-Schein,
ein Hauch von ` *Eau de Kasimir´* ,
nicht eine Frau, gleich 2, 3, 4.
Die Schönste von dem Traum-Quartett,
- charmantes Lächeln, schlank, brünett -,
reicht mir die Hand, ganz zart und fein,
- so schön kann keine Ohnmacht sein.
"Herr Doktor H. ist leider schon
seit Donnerstag in Frühpension.
Mit ihm ging auch Frau FÜRCHTERLICH,
wir sind hier neu, mein Team und ich."
Noch nie sprang ich, - ganz männlich cool -,
so gern auf einen Zahnarzt-Stuhl,
den Mund weit auf, umringt von Frau´n,
ließ ich mir auf die Zähnchen schau´n.
"Das ist nicht schlimm", so sprach die Fee,
"ein kleiner Stich, - das tut kaum weh -,
den Nerv betäubt, dann überkront
und schon ist alles wie gewohnt".
Zurückgelehnt, - mit Schlabber-Latz -,
lag ich entspannt im Liege-Platz,

2 Schwestern hielten meine Hand,
- war gar nicht schlimm, wie ich jetzt fand.

Statt FÜRCHTERLICH und HÖLLENQUAL
5 Mannequins, - das wär´s doch mal -,
doch Schade, Schade, nur Geschicht´,
- ihr wißt ja selbst, das gibt es nicht !!

Spaß Poet

ISBN 3-89811-335-3
Herstellung: Libri Books on Demand